Sé tú mismo en el trabajo

Profit Editorial, sello editorial de referencia en libros de empresa y management. Con más de 400 títulos en catálogo, ofrece respuestas y soluciones en las temáticas:

- Management, liderazgo y emprendeduría.
- Contabilidad, control y finanzas.
- Bolsa y mercados.
- Recursos humanos, formación y coaching.
- Marketing y ventas.
- Comunicación, relaciones públicas y habilidades directivas.
- Producción y operaciones.

E-books:
Todos los títulos disponibles en formato digital están en todas las plataformas del mundo de distribución de e-books.

Manténgase informado:
Únase al grupo de personas interesadas en recibir, de forma totalmente gratuita, información periódica, newsletters de nuestras publicaciones y novedades a través del QR:

Dónde seguirnos:

 | @profiteditorial

   | Profit Editorial

Ejemplares de evaluación:
Nuestros títulos están disponibles para su evaluación por parte de docentes. Aceptamos solicitudes de evaluación de cualquier docente, siempre que esté registrado en nuestra base de datos como tal y con actividad docente regular. Usted puede registrarse como docente a través del QR:

Nuestro servicio de atención al cliente:
Teléfono: **+34 934 109 793**

E-mail: **info@profiteditorial.com**

HARVARD BUSINESS REVIEW

Impulsa tu carrera profesional

Sé tú mismo en el trabajo

HARVARD WORK SMART

PROFIT editorial

Todas las publicaciones de Profit están disponibles para realizar ediciones personalizadas por parte de empresas e instituciones en condiciones especiales.

Para más información, por favor, contactar con: info@profiteditorial.com

Título original: *Authenticity, Identity, and Being Yourself at Work*

Original work copyright © 2024 Harvard Business School Publishing Corporation

Publicado por acuerdo con Harvard Business Review Press

La duplicación o distribución no autorizada de este trabajo constituye una infracción de derechos de autor.

© Profit Editorial I., S.L. 2025

Diseño de cubierta: XicArt
Maquetación: Montserrat Minguell

ISBN: 978-84-10235-51-9
Depósito legal: B 289-2025
Primera edición: Marzo de 2025

Impresión: Gráficas Rey
Impreso en España / *Printed in Spain*

Harvard Work Smart Series

Crece más rápido con lecturas rápidas, historias reales
y consejos de expertos.

La colección Work Smart de Harvard aborda los temas más importantes al inicio de tu carrera profesional: cómo ser tú mismo con tus compañeros y jefes, cómo sopesar las decisiones laborales o cómo fomentar relaciones laborales más constructivas, entre otros. Cada título incluye resúmenes de los capítulos, enlaces a vídeos, audio y mucho más. Los libros de esta colección de Harvard te ayudan a dar un paso adelante en tu vida profesional y avanzar con confianza hacia el éxito.

ÍNDICE

Sección 2

Comunicar con autenticidad, pero sin compartir en exceso

Sección 3
Emociones reales

Sección 4
Cuando la identidad y el trabajo chocan

INTRODUCCIÓN

La autenticidad y el poder de uno mismo

Eres la suma de todas tus partes. Hónralas

por Madison Butler

Tardé veinticinco años en saber el significado de mi nombre y reconocer el sonido de mi propia voz. Durante los años de formación de mi vida creí que la auténtica versión de mí misma era mi parte más débil.

Durante mucho tiempo, cuando mi nombre salía por mi boca, sonaba como algo en un idioma desconocido. Seguía mi nombre con signos de interrogación, insegura de quién era: ¿Era yo lo que mostraba al mundo? ¿O las cosas que me atormentaban mientras intentaba dormir por las noches? ¿Era lo mejor que había hecho o la acumulación de mis peores errores?

Todas las anteriores.

Soy una mujer negra, *queer* y neurodivergente, y esa combinación es mi superpoder, pero durante mucho tiempo vi estas cosas como debilidades. Me decían que tenía que ser cualquiera *menos* yo misma para que me consideraran digna. Intenté en todo momento huir de mí misma. Me alisé el pelo hasta que se me cayó, cambié mi voz, me vestí como debía y amé a quien creía que debía amar, excepto a mí misma.

Cuando tenía poco más de veinte años, mi miedo a ser quien realmente era me llevó a situaciones que me pusieron en peligro porque no estaba dispuesta a ver el valor de mi propia vida, mi cuerpo y mi identidad. Casi tuve que morir para ver el corazón de lo que era y abrirme a conocerme por primera vez.

Encontrarme a mí misma fue como encontrar el amor que siempre había perseguido y la amistad que siempre había buscado.

¿Y si te dijera que los aspectos de ti mismo de los que te avergüenzas son los más poderosos? ¿Me creerías a mí, una completa desconocida, en las líneas de un libro?

¿Quién soy?

Esta pregunta vive en el fondo de la mente de muchas personas, escurriéndose más de la conciencia año tras año a medida que aprendemos a asimilarnos a los deseos del mundo que nos rodea. Pero conocerse a uno mismo es algo más que saber cuáles son tus comidas favoritas o tus recuerdos predilectos de la infancia. Todos estamos hechos de identidades complejas, experiencias y perspectivas que influyen en nuestra forma de navegar por los espacios que habitamos.

Desde pequeños, a muchos de nosotros —especialmente a las mujeres, las personas de color, las personas LGBTQ+ y cualquier otra identidad que no sea mayoritaria— se nos dice que, para ser valiosos, debemos cambiar. Así que nos transformamos en lo que creemos que quieren nuestros padres, nuestros profesores, nuestras empresas y nuestra sociedad, alejándonos cada día más de nuestro verdadero yo. Rara vez tenemos tiempo para preguntarnos: «¿Quién soy realmente?», «¿Quién quiero ser?».

La autenticidad es lo que somos en el fondo: lo que nos hace completos, lo que nos hace gritar al vacío, el amor que nos llena el estómago. No somos seres compartimentados; somos la suma de todas nuestras partes. Somos nuestras identidades, nuestros valores, nuestros traumas, nuestros recuerdos más felices y nuestros peores momentos. Y merecemos honrar todos esos aspectos, incluso los que han estado viviendo en la sombra.

Autenticidad en el trabajo

En los últimos años, las empresas han adoptado el concepto de autenticidad como una palabra de moda relacionada con la cultura. Han utilizado este concepto para contratar a nuevos candidatos o lo han incluido en sus «valores fundamentales» sin explorar a fondo lo que significa. Intentan que los empleados se sientan cómodos…, pero siempre que no se salgan demasiado de lo «normal». Pero lo normal no existe; solo hay parámetros creados por la sociedad.

Nos dicen que debemos tener un yo laboral, un yo familiar, un yo amigo, un yo pareja, etcétera. Pero te voy a contar un secreto: todos son la misma persona. No puedes dejar tu humanidad en la puerta de tu trabajo, y tu empresa no debería esperar eso de ti.

Hacemos mejor nuestro trabajo cuando se nos da el espacio y la seguridad para existir plenamente en nuestras identidades, nuestras peculiaridades y nuestras experiencias.

Debemos preguntarnos qué es lo que nos hace sentir felices y seguros, y luego modificar regularmente nuestra vida para que refleje nuestras necesidades, deseos y seguridad. Cuando pretendes hacer feliz a todo el mundo, no solo acaba agotado, sino que permanece en entornos que ya no te sirven. Con demasiada frecuencia nos quedamos en trabajos o en relaciones con personas que no nos ven realmente, porque no estamos dispuestos a irritar a los demás o a hacer que se sientan incómodos. Pero las únicas personas ofendidas por tu verdadero yo son las que se benefician cuando ocultas quien realmente eres.

Este libro te desafiará a pensar de forma diferente sobre lo que significa ser uno mismo en el trabajo. Te sacará de tu zona de confort y te permitirá examinar lo que realmente significa la autenticidad, y lo que supone para ti. Y te ayudará a decidir cuánto de ti mismo quieres compartir en el trabajo, para que puedas retomar el control de quien verdaderamente eres.

Tu verdadero yo

Hay alegría en encontrar el poder de uno mismo.

Habrá saludos conmovedores, risas que te llenarán la barriga, nuevas presentaciones que te llenarán el corazón. Habrá días en los que te mirarás al espejo, orgulloso de volver a casa contigo mismo, orgulloso de llamarte por tu nombre, orgulloso de mantenerte firme en las cosas que quieres para tu vida.

Ser más auténtico no está exento de dificultades. Aprender a mostrarte como la persona que realmente eres conllevará conversaciones difíciles, contigo mismo y con los demás. Con demasiada frecuencia, la gente adora la imagen de ti que se ha creado en su mente, no a la persona real que tienen delante. Habrá quienes no te acompañen en esta etapa de tu viaje. Habrá quienes se nieguen a verte por muy vibrante que te muestres. Habrá quienes afirmen quererte cuando en realidad solo quieren la idea que tienen de ti. Habrá despedidas dolorosas, y las lamentarás. Y es probable que te duelan los aspectos de ti mismo que dejaste ir porque los usaste como escudo.

Me pasé más de dos décadas tratando de satisfacer la felicidad de los demás, bailando suavemente alrededor de las cosas sobre mí misma que les incomodaban. Anteponía la comodidad de los demás a la mía. Valoraba más cómo me percibían los demás que cómo me percibía yo misma. Pero la autenticidad no consiste en cómo te presentas ante los demás, sino en cómo te presentas a ti mismo. Tú eres el guía turístico en el viaje de tu vida, así que haz que merezca la pena explorarlo.

En su libro *El acto de crear*, el productor Rick Ruben, ganador de un Grammy, escribe: «Expresarse en el mundo y la creatividad son lo mismo. No es posible saber quién eres sin expresarlo de alguna manera». Es imposible saber realmente quién eres, en tu máxima autenticidad, sin darte el espacio para mostrarte por ti mismo. La mayor expresión de autenticidad es honrarte por ser exactamente quien eres, por las cosas que quieres y por las personas a las que amas, sin avergonzarte y sin dudar del poder de tu propia voz.

A medida que navegamos por la vida, se nos pedirá que nos encojamos o nos expandamos en función de la audiencia. Te animo a que *tú mismo* te conviertas en tu público. En lugar de intentar hacer feliz a todo el mundo, hazte feliz a ti mismo. En un mundo que te pide que seas cualquiera menos tú mismo, ser exactamente quien eres es tu fuerza.

¿Quieres saber más de Madison Butler sobre la autenticidad en el trabajo? Mira este vídeo:

Sección 1

Comprender tu auténtico yo

1

Cómo sentirse cómodo siendo uno mismo en el trabajo

Es más fácil decirlo que hacerlo

por Lan Nguyen Chaplin

Soy una profesora de empresariales con tatuajes visibles, siete pendientes y, según la semana, el pelo lila, azul o rosa. Llego al trabajo más tarde que los demás y salgo temprano para recoger a mis hijos. Y atiendo las llamadas por Zoom en sudadera con capucha en el patio de mi casa. En los últimos años se ha hablado mucho de lo que significa ser profesional y, al mismo tiempo, presentarse con autenticidad. También se ha alentado mucho la idea de aportar todo lo que somos a nuestro trabajo. Todos conocemos los beneficios de ser uno mismo en el trabajo: más satisfacción vital, mayor bienestar y mayores niveles de motivación, rendimiento y productividad.

Sin embargo, ser tú mismo y que te tomen en serio suele ser más fácil de decir que de hacer. Esto resulta especialmente cierto cuando empiezas tu carrera laboral o eres nuevo en una empresa. No has establecido tu credibilidad ni has conectado con los que te rodean. Quieres pertenecer, pero no sabes cómo. Todavía estás intentando leer la cultura de la empresa.

Entiendo el dilema. No siempre me he sentido tan liberada con mi apariencia, y a menudo me he dedicado a complacer a las personas. Por miedo a decepcionar a los demás o a no cumplir las expectativas, me ha costado establecer límites entre mi identidad personal y la profesional. He tardado más de una década en combinarlas de una forma de la que me sienta orgullosa y que represente quien soy.

En este sentido, tu mejor calendario siempre será el que te parezca correcto y seguro. No te sientas presionado por las cosas que lees en internet sobre por qué importan las primeras impresiones o por qué tienes noventa días para construir toda tu reputación. La autenticidad tiene que ver más con cómo te sientes en este momento de tu vida y con lo que harás para honrar esa identidad.

Esto es lo que he aprendido a lo largo de mi viaje y lo que tú puedes hacer para sentirte más cómodo en el tuyo.

Convéncete de que perteneces a la sala

Tanto si acabas de empezar tu carrera laboral como si vas a cambiar de puesto, cada vez que conoces a gente nueva empiezas de cero. En estas situaciones, querrás averiguar qué aspectos de tu trayectoria te interesa destacar y te cualifican para estar ahí. Cuando creas que tienes algo valioso que aportar, te sentirás más seguro al hablar y mostrarte auténtico, y tu miedo a ser juzgado disminuirá de forma natural.

¿Por qué? Porque te centrarás en lo que de verdad importa: utilizar tus conocimientos y experiencia únicos para marcar la diferencia. Si no estás convencido de que mereces estar en la sala, ¿cómo puedes esperar que los demás lo estén?

He aquí cómo empezar.

Identifica lo que tienes que ofrecer

No te limites a un mantra general de «Yo pertenezco al equipo». Tómate tu tiempo para elaborar una lista reflexiva sobre cómo y por qué perteneces al equipo. Empieza a prestar atención a lo que te hace *ser tú:* tus antecedentes, talentos, creencias y valores. Estos son tus puntos fuertes y los que te diferenciarán si estás dispuesto a compartirlos.

Una pregunta que puedes hacerte es «¿Qué le falta a la organización cuando yo no estoy presente?». Escribe tus respuestas, incluidos los resultados del trabajo que aportas. En tu lluvia de ideas, sé claro contigo mismo sobre la ventaja que tú y tus habilidades aportáis a tu equipo. Si no aportas valor, a nadie le interesa lo apasionado que eres con tu trabajo o lo tarde que te desconectas cada noche.

Por ejemplo, quizá descubras que tu experiencia como profesional de primera generación multicultural y multilingüe es tu talismán secreto. Por tu formación, estás especialmente cualificado para ayudar a tu organización a cumplir sus compromisos públicos con la diversidad, y tu aportación ofrece una ventaja competitiva a los equipos que intentan acceder a los mercados internacionales. Tal vez seas la persona a la que acudir para cosas que permiten que tu equipo funcione eficazmente: el colega fiable que siempre responde con comentarios reflexivos, el compañero que puede entrelazar fácilmente ideas polarizantes o el líder en ascenso que no teme preguntar: «¿Por qué?».

No cometas el error de pensar que las cosas que te salen de forma natural son habilidades fáciles y, por tanto, sin importancia. Ten en cuenta que tu experiencia es probablemente uno de los motivos por los que te contrataron; es una de las muchas cosas que tu organización necesita para generar valor. Y no des por sentado que el hecho de haber salido de la universidad significa que no tienes suficiente experiencia para contribuir. Puedes aportar un nuevo punto de vista a problemas nuevos y antiguos, y hacer preguntas que señalen cuestiones que tus colegas más veteranos no han considerado o son menos capaces de ver.

Demuestra seriedad

En la misma sala, debes tener la confianza y la credibilidad necesarias para captar la atención de tus compañeros o superiores, y suscitar interés por lo que tienes que decir. Si eres capaz de imponerte a la audiencia con tu presencia, las personas se tomarán en serio tus palabras y querrán saber más.

La seriedad combina autenticidad y claridad. Por ejemplo, cuando hables en una reunión, explica claramente de dónde procede tu idea, por qué es importante para ti, qué puede ofrecer a la empresa y qué pruebas concretas la respaldan. A un nivel más profundo, empatiza con quienes te hagan preguntas e intenta ver a tus colegas como seres humanos con los que conectar, no como personas con las que realizar transacciones. Esta mentalidad te ayudará a dar una imagen de autenticidad.

Consejo profesional: Una vez que sepas lo que ofreces, programa cafés o almuerzos informales con personas influyentes de la empresa a las que tengas en alta estima. Busca a personas de mentalidad abierta y que te hayan mostrado, a ti o a otros, alianzas y apoyo. Según mi experiencia, es una buena manera de darse a conocer entre compañeros y superiores, y de visibilizar tus ideas y aportaciones. Cuantas más relaciones desarrolles, más bienvenido te sentirás.

Encuentra tu voz (y sé vulnerable)

Aunque quieras parecer intachable para ganarte el respeto de los demás (sobre todo como persona nueva), tus imperfecciones son, en última instancia, lo que atraerá a las personas. Tienes que ser vulnerable para construir relaciones significativas en el trabajo, pero encontrar tu estilo —tu forma única de expresar tu humanidad— va a requerir un poco de ensayo y error.

A modo de ejemplo, cuando empecé mi carrera como profesora, conocí a un colega al que sus alumnos adoraban. Le llamaremos Jensen. Quería saber cómo lo hacía. Me dijo que conectaba con los estudiantes contando chistes. Ese era su secreto y yo quería imitarlo. El problema era que yo suelo ser más seria que graciosa.

Jensen era un académico brillante, carismático e ingenioso con veinte años de experiencia. Yo, en cambio, era unos años mayor (o de la misma edad) que mis alumnos y estaba demasiado nerviosa para sentir otra cosa que no fuera que se me aceleraba el corazón cuando entraba en la sala de conferencias. ¿Cómo iba a tener éxito?

Tardé un tiempo en darme cuenta de que lo que el humor hacía por Jensen, la compasión lo hacía por mí.

Del mismo modo, te llevará tiempo descubrir cómo expresar tu vulnerabilidad en el momento adecuado y a las personas adecuadas. Sin embargo, una vez que lo hagas, puede ser una forma estupenda de establecer contactos y construir una base de confianza que te hará sentir más cómodo mostrándote auténtico en el trabajo.

Para empezar, recomiendo comenzar poco a poco.

Compartir algo poco arriesgado con un miembro del equipo

Elige a alguien con quien te gustaría entablar una relación laboral más significativa y haz que sea personal. Por ejemplo, cuéntale una anécdota de tu fin de semana o una afición que estés empezando a practicar. Escucha y busca pistas sobre cómo responde. ¿Su reacción es positiva? ¿Está dispuesto a compartir algo a cambio? ¿La conversación te hace sentir positivo y lleno de energía? Si es así, la relación tiene potencial.

La clave aquí es aprender a leer una sala, así como a uno mismo. A través de pequeñas interacciones aprenderás a entender mejor a tu público, tu propio nivel de comodidad y cómo reaccionáis tú y los demás ante distintos tipos de información.

Considera el contexto

Esto incluye el quién, qué, cuándo, dónde y por qué de la situación. Antes de compartir algo más personal o de mayor riesgo con un compañero de trabajo, considera la intención que hay detrás de tus palabras. He contado historias sobre cómo me olvidé de recoger a mis hijos en el colegio, cómo me confundieron con una trabajadora del servicio de *catering* en una reunión con altos cargos y cómo no me conecté a unas llamadas por Zoom porque estaba en la zona horaria equivocada. Mi intención nunca fue compartir una idea brillante o una lección de vida, sino humanizarme ante un público que me veía como un modelo a seguir.

Así que considera los detalles de la situación: ¿buscas apoyo?, ¿quieres crear una nueva amistad?, ¿intentas contar una anécdota divertida que haga reír a tu colega y que, a la vez, establezca una conexión más fuerte entre los dos?, ¿intentas relacionarte con la otra persona con compasión?, ¿te han hecho sentir seguro sus reacciones en el pasado?, ¿tienden a preguntar a los demás sobre sus intereses personales y sus familias?, ¿hablan de sus intereses personales y de su familia?, ¿confías en esa persona?, ¿qué te resulta natural compartir?

Tomarse un momento para reflexionar antes de compartir: te ayudará a ver los resultados que deseas y a evitar abrirse a personas que te hacen sentir incómodo o que no aprecian tu vulnerabilidad.

Consejo profesional: Ser vulnerable significa bajar la guardia lo suficiente como para que los demás se sientan humanos contigo. Tu intención debe ser generar confianza y ayudar a tu público a sentirse inspirado. No tengas miedo de experimentar un poco, inspirarte en otros y descubrir qué tipos de vulnerabilidad sientan bien y cuáles no.

Establece límites para evitar compartir más de la cuenta

Actuar de forma que reflejes tus creencias, emociones y valores honestos puede ser uno de los factores más importantes para predecir el bienestar. Al mismo tiempo, es importante reconocer que hay un momento, un lugar y un público determinados para compartir con seguridad esos aspectos de uno mismo. Es posible ser tú mismo en el trabajo aunque no reveles públicamente cada pensamiento o emoción a los miembros de tu equipo. De hecho, es sano tener límites y resulta natural querer mantener algunas cosas en privado, así que no confundas vulnerabilidad con compartir demasiado. No estarás más cerca de ser auténtico que la persona que no dice nada en absoluto.

Tus límites se basan en tus necesidades y deseos particulares. Son normas, creadas por ti, que indican lo que aceptarás y lo que no, incluido cómo quieres que te traten los demás y la forma de presentarte en el trabajo. Qué y cuánto te sientes cómodo compartiendo varía de una persona a otra.

Para saber qué es lo que más te conviene, haz este ejercicio en dos pasos.

Divide una hoja de papel en dos columnas

En una columna anota los valores y necesidades que nunca debes violar o poner en peligro: tus cosas innegociables. Y en la otra escribe las cosas que te hacen feliz pero que no son una prioridad inmediata. Por ejemplo, es posible que desees conciliar mejor tu vida laboral y familiar, pero que estés dispuesto a ceder en ese objetivo o a trabajar para conseguirlo con el tiempo, lo que lo convierte en algo negociable. Sin embargo, sentirte lo bastante seguro para compartir tu identidad racial, sexual o de género puede ser un aspecto innegociable.

Al rellenar las columnas puede que descubras que algunas de tus respuestas tienen matices. Por ejemplo, la inclusión (poder compartir tu identidad o presentarte con autenticidad) puede ser innegociable, y la privacidad (tener autonomía para decidir cuándo y con quién compartes) también.

Escribe una filosofía personal

¿Hay algún patrón en los pensamientos, palabras, ideas y acciones que has anotado? Utilízalos para elaborar una breve lista de tus valores fundamentales (por ejemplo, inclusión, familia, moralidad, integridad) y escribe por qué son importantes para ti, cómo los practicas y cómo influyen en tus objetivos. (Profundizaremos en la definición de tus valores en el próximo capítulo).

Ahora, utiliza lo que has escrito para elaborar una breve filosofía personal o un lema que te parezca innegablemente cierto. Mi filosofía personal es: «No soy para todo el mundo y no todo el mundo es para mí. Elijo vivir una vida con integridad». En momentos de timidez —pequeños o grandes— vuelvo a ella para recordarme quién soy y comprobar mi integridad. Si estoy viviendo mi verdad, entonces dejo que cunda el pánico. Mi filosofía actúa como guía de mis palabras y comportamientos, y me ayuda a reconocer cuándo hay que poner un límite o este se ha traspasado.

Del mismo modo, tu filosofía puede ayudarte a entrar en el lugar de trabajo con confianza y a recuperarte cuando sientas que tu integridad o tu sentido de identidad están siendo cuestionados.

Consejo profesional: A veces puede que compartas algo que desearías no haber compartido. Date un poco de margen. Te llevará un poco de ensayo y error descubrir tus límites y los de los demás. En cualquier situación, haz caso a tus instintos. Cuanto antes establezcáis tú y tus compañeros qué comportamientos os parecen bien y cuáles no, antes sabréis todos a qué ateneros. Los sentimientos de dolor, confusión y frustración pueden reducirse al mínimo.

Por ejemplo, si consideras que un miembro del equipo puede sentirse incómodo al oír hablar de tu vida personal, o si decides que te sientes incómodo compartiéndola, hay formas de ser honesto y, al mismo tiempo, proteger los límites y la privacidad de ambos. En estos casos, una declaración sencilla y honesta permitirá que la gente sepa lo que necesitas sin compartir demasiado: «Estoy pasando un mal momento con todas las exigencias de mi vida y no podré responder correos electrónicos después de las 5 de la tarde».

Practica la escucha profunda

A menudo resulta tentador decir cosas y actuar de un modo que crees que puede causar una buena impresión, aunque camufle tu verdadero yo. Por ejemplo, ¿cuántas veces has intentado parecer agradable durante una reunión porque es lo que el jefe quería ver? En esos momentos, te animo a que hagas una pausa y practiques la escucha, en lugar de la reacción. Cuando escuchas profundamente, te permites estar en silencio. Y el silencio te permite desordenar tu proceso de pensamiento, estar presente, reflexionar y hacer una contribución honesta a lo que se está diciendo.

Te ayudas a ti mismo a ser más auténtico procesando las palabras de la otra persona con una mente abierta, leyendo entre líneas y apreciando el lenguaje corporal, la cadencia y el tono para comprender mejor sus palabras. Estés o no de acuerdo con esas palabras, estás demostrando al interlocutor que son importantes y que le estás dando el tiempo y el espacio necesarios para ser él mismo. Un compañero de trabajo respetuoso te corresponderá y te permitirá comunicar tu auténtico yo.

Para ponerlo en práctica, prioriza lo siguiente.

Mantén la mente abierta

Elabora un par de preguntas que te ayuden a escuchar con interés, sobre todo en situaciones de mucho riesgo en las que puedas sentirte presionado para reaccionar o hacer una contribución inmediata. Por ejemplo: «¿Puedes explicar lo que quiere decir con...?» o «¿Cuándo no funcionaría y por qué?». Cuando la persona que habla responda, escucha atentamente. Incluso puedes tomar notas que te ayuden a asimilar y comprender mejor las ideas de los demás y luego hacer un seguimiento personalizado. Esta práctica puede ayudarte a desarrollar la confianza necesaria para decir tu verdad, conectar con los demás a un nivel más profundo y disminuir cualquier sentimiento de aislamiento que puedas estar experimentando como trabajador nuevo.

Crea un tiempo y un espacio para las conversaciones importantes

Durante las reuniones privadas con colegas, deja a un lado el teléfono, escucha y observa las señales no verbales, como la postura, el contacto visual y las expresiones faciales. Intenta comprender las emociones de la otra persona sobre el tema. El simple hecho de estar presente te conectará con la realidad, y te dará tiempo y espacio para procesar lo que oyes y reaccionar con más autenticidad.

Consejo profesional: La escucha profunda es una habilidad que lleva tiempo desarrollar, pero cuanto, más la practiques, mejor te irá. Cuando practiques, intenta repetir las palabras de la otra persona antes de responder («Esto es lo que estoy oyendo de ti...»). De este modo, la otra persona se sentirá vista y escuchada, y tú dispondrás de más tiempo para procesar su punto de vista. Del mismo modo, en lugar de planificar una respuesta mientras la otra persona habla, gana tiempo pidiendo aclaraciones («¿Qué querías decir con...?»).

• • •

Ser fiel a uno mismo es un viaje que dura toda la vida, y que evolucionará y cambiará con el tiempo, a medida que conozcas mejor tu carácter y tus valores fundamentales. Mi mayor consejo es que te regales a ti mismo la autoaceptación y animes a los demás a hacer lo mismo. Las personas adecuadas te corresponderán. Cuando puedes aportar todo tu ser al trabajo, tienes una oportunidad real de prosperar y florecer.

Resumen rápido

Ser uno mismo en el trabajo es más fácil decirlo que hacerlo. Aquí tienes algunas formas de sentirte más cómodo mostrándote auténtico:

- **Elabora una lista de cómo y por qué perteneces a un grupo.** Presta atención a lo que te hace ser *tú*: tus antecedentes, talentos, creencias y valores.

- **Encuentra tu voz.** Considera la intención que hay detrás de tus palabras. Podrás ver los resultados que deseas y evitarás abrirte a quienes te hacen sentir incómodo.

- **Establece límites para evitar compartir más de la cuenta.** Puedes ser tú mismo aunque no reveles todos tus pensamientos o emociones.

- **Practica la escucha profunda.** Aprovecha el silencio para despejar tu proceso de pensamiento, estar presente, reflexionar y realizar una aportación honesta.

2

Cómo encontrar, definir y utilizar tus valores

Deben reflejar los aspectos más importantes de tu vida

por Irina Cozma

¿Cuáles son tus valores?

Como orientadora profesional, cuando hago esta pregunta a mis clientes, suelo obtener una de estas dos respuestas: «Nunca he pensado en ello» o bien «Oh, qué fácil. Mis valores son...». Después de más conversaciones, las personas del primer grupo suelen darse cuenta de que tienen algunas ideas sobre sus valores, y las del segundo se percatan de que sus valores son sobre todo una lista de palabras sin sustancia.

Ambas reacciones son válidas, pues no resulta fácil tener claros los valores. Al fin y al cabo, en nuestra sociedad actual no se hace hincapié en la importancia de identificarlos y utilizarlos. A la mayoría de nosotros no nos enseñan a hacer este tipo de autorreflexión en la escuela, es probable que no te pidan que identifiques tus valores para ningún trabajo y probablemente tu jefe nunca basará en ellos tus evaluaciones anuales de rendimiento.

Pero eso no significa que no sea importante encontrar, definir y saber cómo utilizar tus valores. Entender cuáles son tus valores tiene mucho poder: puede ayudarte a tomar decisiones, a guiar tu carrera profesional e incluso a vivir una vida más feliz. Los siguientes pasos pueden guiarte a la hora de pensar en tus valores de forma intencionada.

Paso 1: Encuentra tus valores

Tus valores no se esconden. Aunque no los hayas articulado, son un reflejo de los aspectos más importantes de tu vida. He aquí cómo sacar esas ideas a la palestra.

Reflexiona sobre lo que es importante para ti

El término «valores» es solo una etiqueta que usamos para las cosas que son importantes para nosotros. Pregúntate qué es lo que más te importa en el mundo y haz una lista con todas las cosas que se te ocurran. Tu lista debe reflejar lo que es importante y personal para ti, no lo que otros (familia, amigos, compañeros) pueden esperar de ti.

La sinceridad es fundamental en esta fase. Intenta resumir tus ideas en el menor número de palabras posible. (Más adelante ampliarás y definirás mejor tus valores). Algunos ejemplos pueden ser:

- Familia.

- Dinero.

- Confort.

- Amigos.

- Carrera.

- Tiempo.

- Libertad.

- Optimismo.

Revisa la lista y elige tus tres valores principales

Probablemente pienses: «¡*Pero si todos son importantes*!». Aunque puede que sea cierto, sin duda algunos valores te serán más importantes que otros. Una vez más, la sinceridad es la clave. Si te cuesta elegir tres, puedes elegir dos o cuatro valores. El número no es importante; lo importante es que la lista sea lo más corta posible.

Clasifica tus valores

Una vez que hayas escogido tus valores principales, reflexiona sobre si tienen el mismo significado para ti o si eres capaz de clasificarlos. No existe un enfoque correcto o incorrecto, pero tu respuesta debería decirte algo sobre la importancia de estos elementos en tu vida.

No se trata de un ejercicio puntual. Puede que necesites un par de semanas o incluso meses para estabilizar tus valores principales. Tómate tu tiempo para reflexionar y revisar la lista. Cuando yo misma hice este ejercicio, tardé casi un año en encontrar y estabilizar mis valores. Poco a poco me di cuenta de que la felicidad y la equidad eran esenciales para mí. Más tarde añadí la libertad, que estaba tan arraigada en mí que no pude identificarla tan rápidamente como las demás. Presta atención a los valores que puedan surgir o volverse importantes para ti con el tiempo.

Paso 2: Define tus valores

Ahora ya que conoces tus valores, es el momento de definir lo que realmente significan para ti con tus propias palabras. Aunque puedes buscar en el diccionario las definiciones de tus valores, es probable que las respuestas no estén ahí. Es importante que elabores las tuyas propias.

Pongo un ejemplo con mi valor de libertad: hay muchas formas de definir la libertad, pero he aquí cómo la defino yo y cómo lo hace uno de mis clientes:

- *Yo:* La capacidad de hacer lo que quiera, cuando quiera y como quiera. Esto se aplica a nivel macro (por ejemplo, viajar) y micro (por ejemplo, libertad mental).

- *Mi cliente:* Quiero tener independencia en mis acciones y toma de decisiones, y no ser microgestionado.

El mismo valor, pero dos definiciones muy diferentes.

Al principio puedes tener la tentación de escribir largos párrafos para cada uno de tus valores con el fin de justificarlos o explicarlos, pero intenta que tus definiciones sean lo más breves posible, para poder recordar fácilmente tus valores y cómo los defines. Una frase concisa bastará. Una prueba que puedes utilizar para ver si vas por buen camino es preguntarte a ti mismo: «Si alguien me despertara en mitad de la noche y me pidiera que definiera mis valores, ¿podría responder?».

A medida que trabajes para definir tus valores, no te desanimes por la amplitud de las palabras ni dejes que otros influyan en tu perspectiva sobre lo que significan para ti. Cuando declaro que la felicidad es uno de mis valores, a veces la gente pone los ojos en blanco y dice: «Es una palabra vacía» o «Es un término demasiado general». Pero, para mí, esta palabra tiene una definición cristalina:

felicidad es la alegría que se encuentra en el proceso de lo que estás haciendo.

Grandes palabras, pero definiciones precisas y personales.

Paso 3: Utiliza tus valores

Sabrás que has identificado tus valores y los has definido de verdad cuando veas el mundo que te rodea a través del marco de esos valores.

Aquí es donde realmente empezarás a ver el poder de conocer tus valores: simplifican las decisiones y las acciones. Pueden darte coraje cuando crees que no lo tienes, y pueden guiarte y proporcionarte ideas valiosas.

He aquí algunos ejemplos de valores en acción:

- Si uno de tus valores es la imparcialidad, esto puede guiarte cuando necesites dar un *feedback* constructivo a un compañero o subordinado directo. No sería justo evitar la confrontación cuando sabes que el *feedback* sería útil para ellos. Lo justo es ser sincero con ellos y darles la oportunidad de mejorar o remediar la situación.

- Si uno de tus valores es el optimismo, podrás afrontar mejor las situaciones difíciles con el vaso medio lleno. ¿No has conseguido el trabajo? No pasa nada: has practicado la entrevista y has hecho nuevos contactos. ¿Estás abrumado por una agenda apretada? No te pasará nada: fíjate en lo mucho que estás aprendiendo de estas nuevas experiencias.

- Si uno de tus valores es la familia, eso puede ayudarte a tomar decisiones sobre tu carrera o sobre dónde te gustaría vivir. Si te ofrecen un trabajo que te permitiría mudarte más cerca de tus padres, puedes sentirte ilusionado por aceptarlo en lugar de otro que esté en la otra punta del país. Si te preguntas si deberías renunciar a un puesto con escasa conciliación de la vida laboral y familiar, puedes empezar a buscar otro con confianza, sabiendo que te dará más tiempo para estar con tus seres queridos.

Al principio puede que te resulte difícil relacionar tus experiencias cotidianas con tus valores, sobre todo porque evolucionan y se consolidan con el tiempo. Una forma de practicar tus valores consiste en reflexionar sobre una situación que te frustre. Pregúntate: «¿Qué se esconde detrás de mi frustración?» o «¿No se está cumpliendo alguno de mis valores?». Otra forma de practicar reside en reflexionar sobre situaciones que te producen alegría. ¿Cuál de tus valores se satisface con esa actividad?

No esperes tener claros tus valores en un día. Llevará tiempo. Dependiendo de tu trayectoria, tus valores pueden permanecer constantes a lo largo del tiempo o pueden cambiar en función de nuevos acontecimientos e información. Realiza una revisión anual para asegurarte de que sigues en contacto con las cosas que son más importantes para ti. Y recuerda: este ejercicio solo te ayudará si eres honesto contigo mismo al 100 %.

Pero ¿cuándo sabrás si tienes valores profundamente arraigados? Cuando no estés dispuesto a transigir con ellos.

Resumen rápido

Tus valores pueden ayudarte a tomar decisiones, orientar tu carrera profesional e incluso a vivir una vida más feliz. Aquí tienes tres pasos para identificar y reflexionar sobre tus valores de forma intencionada:

- **Encuentra tus valores.** Reflexiona sobre lo que es importante para ti y haz una lista de tus tres valores principales. Clasifícalos si puedes.

- **Define tus valores.** Escribe lo que significa para ti cada uno de los valores que has identificado. La definición debe ser lo más breve posible.

- **Utiliza tus valores.** Empieza a observar el mundo que te rodea a través del marco de tus valores.

Sección 2

Comunicar con autenticidad, pero sin compartir en exceso

3

Utiliza la conversación auténtica
para conectar
con los demás

Establece relaciones que resulten productivas y no agotadoras

por Susan McPherson

Seguro que ya has oído antes este consejo: «Lleva tu auténtico yo al trabajo». Tiene sentido. Ser uno mismo es la mejor manera de entablar relaciones significativas, que son esenciales para el éxito y el crecimiento profesional en cualquier campo. Los estudios demuestran que las personas con una sólida red social tienen un mejor rendimiento laboral, se sienten más realizadas e incluso viven más.[1]

Pero ¿cómo compartir tu auténtico yo en un entorno profesional y cómo hacerlo de una forma inteligente y sostenible?

Mostrarte totalmente sin filtros y confiar en todos los que se cruzan en tu camino podría volverse en tu contra rápidamente. Por otro lado, si te quedas en la superficie y ocultas tu verdadero yo, puedes perderte el tipo de relaciones que pueden enriquecer tu vida y tu carrera.

Como propietaria de una empresa, he tenido que navegar por este territorio una y otra vez, y puedo decir de primera mano que lo que ha impulsado mi éxito ha sido la creación de conexiones sólidas con mis colegas y compañeros. Esto es lo que he aprendido a lo largo del camino sobre cómo establecer este tipo de relaciones de forma que resulten productivas y no agotadoras.

El «yo laboral» no existe

¿Sientes que hay una versión de ti que aparece en el trabajo y otra, más auténtica, que aparece con los amigos? Es comprensible: no eliges a tus colegas o clientes, y la mayoría de las reuniones requieren un cierto grado de profesionalidad. Pero si ves las interacciones laborales y de *networking* como algo transaccional, es probable que estés perdiendo la oportunidad de establecer conexiones más profundas, algo que solo puede ocurrir cuando te muestras tal y como eres.

Te pondré un ejemplo. Hace poco me uní a una llamada de negocios por Zoom en la que todo el mundo hablaba del tiempo. «¿Allí hace sol? Aquí está muy nublado». El tiempo no es un mal tema; es algo que todos experimentamos, pero probablemente tampoco conduzca a una conversación significativa. Cuando me incorporé a la llamada, relacioné el tiempo con algo más personal: «No me gustan los días de lluvia porque caminar es lo que me ayudó a superar la pandemia. He caminado más de dos kilómetros en los últimos meses».

Compartí algo concreto y vulnerable. También hablé como un ser humano, como lo haría en un encuentro con amigos. No es algo que tenga que «intentar» hacer, al menos ya no. Es una habilidad que he desarrollado a lo largo de mi carrera mediante la práctica regular. He aprendido que la gente se siente más cómoda cuando muestras un poco más de vulnerabilidad. Por eso, hoy en día, no hago distinciones entre el trabajo y las relaciones personales: los amigos que conozco en el gimnasio a menudo se convierten en clientes, y los clientes, en amigos que vienen a cenar.

Te recomiendo que lo pongas en práctica. Trata de ver a todas las personas con las que te cruzas como seres humanos, y no como contactos de trabajo.

Es una práctica

Mostrarse como uno mismo es la base para construir relaciones significativas en el trabajo, pero requiere tiempo e intención. La mejor herramienta es *escuchar*. Cuando entablo una conversación con alguien nuevo y percibo una buena conexión, intento prestar atención a detalles importantes como qué le apasiona, dónde trabaja o algo que le haya supuesto un reto concreto.

Luego, realizo un seguimiento.

Si encuentro un artículo que me recuerda nuestra conversación, se lo envío. Si organizo un acto que le puede interesar, le invito. Si conozco a alguien que creo que debería conocer, se lo presento. En una nueva llamada de negocios, si he visitado un restaurante recomendado por un colega, le digo lo bueno que estaba el hummus o la pasta *puttanesca*. Ser un oyente activo también te ayuda a saber rápidamente con quién quieres establecer conexiones más profundas (o no).

A lo que todo esto se reduce realmente, además de ser un buen oyente, es a preguntar: «¿Cómo puedo ayudar?». Ser generoso con tus sugerencias, ideas y conexiones —incluso cuando no necesitas nada de la otra persona— es una de las formas más poderosas de conectar.

Dicho esto, ayuda de forma que te llene de energía, en lugar de agotarte. No te ocupes de cosas que requieran demasiado tiempo —una presentación de tres minutos requiere poco esfuerzo, pero tiene un gran impacto— y céntrate en ayudar a las personas a las que respetas auténticamente, en lugar de a quienes pueden aprovecharse de ti o ponerte en una situación incómoda.

No es necesario conectar con todo el mundo

Llevar tu verdadero yo al trabajo significa ser vulnerable, y no todo el mundo merece o necesita ver esa faceta tuya. Y no estás obligado a ayudar a todas las personas que se crucen en tu camino. Establecer límites es importante por varias razones: te ayuda a preservar tu tiempo, evita el agotamiento, te protege de las violaciones de confianza y te permite centrarte en las relaciones que te dan alegría.

Recuerda que el objetivo no es contar la historia de tu vida a cada persona en el momento en que la conoces. Puedes entablar relaciones significativas con las personas adecuadas. Desconfía de las personas que solo quieren oír hablar de ti pero no revelan nada sobre sí mismas, o de las que solo quieren hablar y no les interesa escuchar.

Las relaciones deben ser recíprocas. Elige a un puñado de personas de tu vida profesional con las que quieras profundizar en tus relaciones e invítales a tomar un café o una copa. Si no disfrutas auténticamente de la relación, no merece la pena que le dediques tiempo.

• • •

Centrarme en estas conexiones más profundas y darles espacio me ha permitido fusionar mi vida y mi trabajo sin agotamiento, agobio ni ansiedad. A ti también puede funcionarte. Tienes el poder de crear tus propias comunidades. Empieza por algo sencillo: aparecer.

Resumen rápido

¿Cómo compartes tu auténtico yo con los demás en un entorno profesional y cómo puedes hacerlo de forma inteligente y sostenible? Utiliza estas sugerencias:

- **Ve a todo el mundo como un ser humano, en lugar de como un contacto laboral.** Una vez que cambies de mentalidad, empezarás a establecer conexiones más profundas.

- **Alimenta tus relaciones.** Escucha y presta atención a los intereses y pasiones de los demás, y haz un seguimiento cuando encuentres cosas que te recuerden a ellos.

- **Establece límites.** Llevar tu verdadero yo al trabajo significa ser vulnerable, pero no todo el mundo merece ver esa faceta tuya. Pon tu energía en las relaciones que te dan energía.

4

Mis pronombres son ellos/ellas. ¿Cuáles son los tuyos?

Comparte cómo te identificas, desde presentaciones hasta corregir a los demás

Entrevista a Lily Zheng por Paige Cohen

Hace unos dos años asistí a una fiesta de Navidad en casa de mis padres, en California. Imagínate una habitación en penumbra, llena de velas, vino, música alegre de fondo y guirnaldas centelleantes. Yo estaba en la cocina, tomando queso de una bandeja, cuando una pariente que parecía una villana de Disney me dijo que tenía un aspecto más masculino del que recordaba. Dio un sorbo a su bebida y ladeó la cabeza para fijarse en mi pelo rapado, mi chaleco verde y mis pantalones.

«Eras una niña muy femenina —dijo—. Llevabas lacitos y vestidos». Acercó su «manicurada» garra a mi plato y tomó un trozo de queso *cheddar*.

Hacía mucho tiempo que carecía del lenguaje necesario para explicar mi propia identidad, y allí estaba, perdida. La habitación giraba en espiral sobre sí misma y, una vez más, yo era una adolescente en ciernes, de pie frente a un espejo, intentando verbalizar sin éxito lo que pasaba por mi mente y mi cuerpo. La diferencia era que, en mi adolescencia, palabras como *genderqueer* y *no binario* me eran desconocidas. Me resultaba difícil articular mi experiencia —a mí misma y a los demás— porque no tenía el vocabulario para nombrarla. Las normas de género que observé de niña, y que se reiteraron en mi casa y en los medios de comunicación durante toda mi adolescencia y juventud, dificultaban imaginar otra forma de ser.

Pero ahora tenía estudios. Me había creado una vida en Boston. Un día llevaba traje y al siguiente me untaba los ojos con purpurina compostable. Mis amigos nunca hacían preguntas. Me aclamaban para celebrarlo.

Entonces, ¿por qué me quedé mirando a mi familiar sin decir nada?

Aunque sus palabras fueron groseras y probablemente transfóbicas, me obligaron a mirar hacia dentro como hacía años que no lo hacía. Cuando lo hice, me di cuenta de algo: incluso con los privilegios y la seguridad que me proporciona mi comunidad *queer*, esa interacción fue difícil porque tocaba algo profundamente ligado a lo que soy. Puede que la ropa y el corte de pelo no lo sean todo para todo el mundo, pero para mí son aspectos que me permiten compartirme auténticamente con otras personas. Mi presentación indica cómo me siento por dentro: no del todo como «ella» ni del todo como «él», sino en algún punto intermedio. No binaria.

Que otra persona reconociera esa parte de mí y luego la ridiculizara abiertamente fue muy doloroso.

Sería bonito vivir en un mundo en el que las personas como yo, o cualquier miembro de la comunidad LGBTQIA+, nunca tuviéramos que justificar nuestra existencia. Algunas personas viven en ese mundo, pero para los que nos salimos de los límites de lo que se considera la corriente dominante, carecer de un lenguaje para nombrar y explicar nuestras experiencias sigue siendo complicado.

Yo utilizo los pronombres ellos/ellas/elles. Al igual que la ropa que todos usamos para expresar nuestro género, los pronombres son etiquetas que nos hacen más visibles y nos indican que no estamos solos. Pienso en lo que habría significado para mi yo más joven haber descubierto esto antes. Es el tipo de progreso que puede salvar vidas.

Aun así, todavía estoy navegando por las implicaciones de mi decisión: ¿cómo comparto mis pronombres con otras personas?, ¿cómo pregunto a los demás cuáles son sus pronombres?, ¿cómo resuelvo todo esto, especialmente en el ámbito laboral?

Hablé con Lily Zheng, coautora de *Gender Ambiguity in the Workplace* ('Ambigüedad de género en el lugar de trabajo'), para que me orientara un poco.

Paige Cohen: *¿Cuál es la mejor manera de compartir tus pronombres, tanto en la vida como en el trabajo?*

Lily Zheng: Ser claros, directos y desenfadados, del mismo modo que compartirías en qué región o ciudad vives. En persona, compártelos con tu presentación básica: «Me llamo Lily Zheng. Utilizo los pronombres ellos/ellas y soy una estratega de la diversidad, la equidad y la inclusión que vive en Muwekma Ohlone, en la bahía de San Francisco».

Si no tienes la oportunidad de realizar una presentación formal, puedes abreviarla: «¡Hola! Soy Lily, pronombres ellos/ellas. ¿Y tú?».

En internet y en las firmas de correo electrónico puedes incluir tus pronombres, normalmente con el formato X/X o X/X/X (por ejemplo, ella/él o ellas/ellos/elles), en algún lugar fácil de ver.

¿Es diferente el proceso cuando conoces a alguien por primera vez que cuando cambias de pronombre después de conocerlo durante un tiempo? Por ejemplo, si tus compañeros están acostumbrados a utilizar contigo los pronombres ella/él o él/él y ahora tú te identificas con los pronombres ellos/elles, ¿cómo se lo haces saber?, ¿les debes una explicación?

Yo también he vivido esa situación. Después de usar los pronombres ella/él durante toda mi juventud y mi carrera profesional, a mediados de 2020 empecé a utilizar ellos/ellos y ella/ella, y a finales de ese mismo año me pasé por completo a ellos/elles.

Además de cambiar los pronombres en mis redes sociales y biografías en línea, fui informal pero firme con la gente sobre los cambios que estaba realizando. En primer lugar les dije: «Últimamente utilizo tanto ellos/ellas como ellos/elles. No te preocupes si tú empleas ellos/ellas todo el tiempo, pero te agradecería mucho el esfuerzo».

Más tarde les dije: «Ahora solo uso ellos/elles. Gracias por entenderlo y respetarlo».

Les debes tantas explicaciones como si estuvieras describiendo tu mudanza a una nueva ciudad, es decir, solo las que te apetezca compartir.

Me da un poco de miedo que, cuando le diga a alguien mis pronombres, quiera tener grandes conversaciones sobre ellos. No siempre tengo energía para ello y otras veces considero que es un tema de-

masiado personal. ¿Cómo manejas este tipo de situaciones cuando surgen?

Recuerda que tienes un gran margen de maniobra sobre cómo hablar de tus pronombres: tu *encuadre discursivo* si quieres ser elegante al respecto.

Si hablas de tus pronombres en voz baja y pidiendo disculpas, los estás posicionando como un tema que no esperas que la gente entienda. Si hablas de ellos con voz desafiante, estás posicionándolos como un tema sobre el que esperas recibir resistencia y conflicto. Y, si hablas de ellos con la misma ligereza con la que comentas lo que has comido, los estás posicionando como un tema que no se va a discutir. Tú tienes la capacidad de decidir qué marco utilizar en cualquier conversación, teniendo en cuenta tu relación con la persona, el contexto de la situación y tus propios niveles de capacidad y energía.

Si lo haces y alguien sigue intentando sobrepasar tus límites con sus preguntas, puedes imponer tus límites con suavidad pero con decisión, con una declaración o un comentario jocoso que indique que la pregunta es inapropiada.

Supongamos que un colega te pregunta lo siguiente: «Pero *¿por qué* elles? ¿No es controvertido? ¿Significa que eres *drag*?».

Y tú, simplemente, podrías redirigirle: «Estamos en medio de una reunión sobre este producto y me gustaría que no nos saliéramos del tema; si quieres, envíame un correo electrónico esta misma semana y así podremos charlar».

O puedes añadir algo de humor a tu respuesta: «¿Quieres mi número de la seguridad social? Te enviaré un enlace para saber más si tienes tanta curiosidad».

¿Qué debes hacer si alguien se dirige a ti por el pronombre equivocado?

Corrígele simple y claramente, pero sin disculparte.

Colega: «Ella es Paige. Trabaja en el equipo editorial».

Tú: «Oh, yo uso los pronombres ellos/ellas. Gracias».

¿Y qué debes hacer si tú llamas a alguien con el pronombre equivocado?

Pide disculpas y corrige inmediatamente la frase en la que te expresaste mal.

Colega: «Oh, yo uso los pronombres ellos/ellas. Gracias».

Tú: «Perdona, lo siento. Trabajan en la redacción».

No te disculpes en exceso ni intentes explicar o excusar por qué has podido cometer el error, ni hagas la corrección de una forma pasivo-agresiva. Discúlpate, corrige y sigue adelante. Y, lo más importante, actualiza tu comprensión mental de la persona para que la próxima vez que interactuéis te venga a la mente el pronombre correcto.

Por otro lado, ¿existen buenas prácticas para preguntar a alguien cuáles son sus pronombres?

Preguntar por los pronombres puede ser complicado. Por un lado, no preguntar puede dar lugar a suposiciones potencialmente incorrectas y a errores de género. Sin embargo, en la práctica la mayoría de las personas no preguntan a todo el mundo por su pronombre, sino solo a las personas visiblemente transgénero o no conformes con el género. En mi experiencia, eso puede resultar marginador e insultante, sobre todo cuando alguien me señala entre la multitud para preguntarme por mi pronombre.

Mi consejo es que te presentes siempre con tus pronombres. Si la persona que conoces se siente cómoda haciéndolo, puede compartir sus pronombres contigo. Para todas las personas que no hayan compartido sus pronombres contigo, comprométete a utilizar la forma «ellos» hasta que los conozcas.

¿Las personas cisgénero deben compartir sus pronombres?

Es una pregunta fácil; sí, todas las personas cisgénero deberían compartir sus pronombres. De la misma manera que los hombres que hacen uso de la flexibilidad horaria o del permiso parental en el lugar de trabajo se normalizan cuando las mujeres y las personas de otros géneros también lo hacen, las personas cisgénero que comparten sus pronombres (no con una mentalidad «salvadora», sino simplemente como una cuestión de rutina) normalizan el comportamiento cuando las personas trans y de género no conforme hacen lo mismo.

Donde los aliados pueden equivocarse es cuando dan demasiada importancia a compartir sus pronombres. Eso tiene el efecto contrario de presentar la acción como extraña o inusual, y hace que resulte *más* difícil para las personas trans y no conformes con el género hacer lo mismo sin repercusiones.

Y si alguien te dice que utiliza más de un pronombre, como ella/él y ellos/ellas, ¿cómo puedes saber cuál emplear?

Si te dicen que usan varios pronombres, haz lo posible por utilizar los que te han dicho. Si te resulta más cómodo, puedes preguntarles si prefieren que la gente cambie de pronombre dentro de la misma conversación (por ejemplo, «El otro día estuve hablando con ella. Él me dijo...») o que alternen los conjuntos de pronombres en conversaciones diferentes (por ejemplo, «El otro día estuve hablando con ella. Ella me dijo ...» y en otra, «¡Me lo dijeron antes! Ellos dijeron ...»).

Resiste la tentación de dirigirte a ellos *solo* con el pronombre que te resulte más cómodo, aunque ellos hayan indicado que les parece bien.

Resumen rápido

¿Cuál es la mejor manera de decirle a alguien tus pronombres? Sé claro, directo y desenfadado. Aquí tienes algunos consejos:

- En persona, compártelos con tu presentación básica: «¡Hola! Me llamo Lily Zheng y utilizo los pronombres ellos/ellas».

- En línea, incluso en las firmas de correo electrónico, puedes incluir tus pronombres (normalmente en el formato X/X o X/X/X).

- En lugar de preguntar a los demás por sus pronombres, céntrate en presentarte siempre con el tuyo. Si la otra persona se siente cómoda haciéndolo, puede compartir los suyos contigo.

- Para aquellos que no han compartido sus pronombres contigo, utiliza «ellos» hasta que los conozcas.

Para ver una versión ilustrada de esta entrevista, sigue este enlace:

5

Autorrevelación en el trabajo

¿Cuánto debes revelar sobre tu vida personal?

Entrevista a Katherine W. Phillips por Amanda Kersey

La autorrevelación es un elemento clave de la autenticidad en el trabajo, pero encontrar el equilibrio puede resultar difícil. ¿Qué está bien compartir? ¿En qué cantidad? ¿Con quién? ¿Y cómo compartir detalles personales sin *excederse*?

En la siguiente conversación hablo con Katherine W. Phillips, quien, antes de fallecer en 2020, era profesora de liderazgo y ética en la Columbia Business School. En esta entrevista hablamos de por qué compartir información sobre nuestra vida personal nos ayuda a entablar relaciones profesionales y de por qué las personas de grupos infrarrepresentados pueden dudar a la hora de abrirse a sus compañeros.

Amanda Kersey: *¿Qué se dice en los estudios de investigación sobre la autorrevelación en el lugar de trabajo?*

39

Katherine W. Phillips: Llevo más de veinte años investigando sobre la diversidad y la inclusión en los equipos, y una de las principales conclusiones a las que he llegado es que los grupos diversos tienden a ser menos cohesivos que los homogéneos. Empecé a pensar en ello y di dos o tres vueltas para pensar en cómo los equipos se cohesionan realmente. ¿Qué es la cohesión? ¿Y cómo se construye?

Cuando empecé a hablar de ello con algunos colegas, empezamos a estudiar la bibliografía existente y nos dimos cuenta de que gran parte de la cohesión es relación, es conexión, es confianza. Es construir relaciones reales con la gente con la que trabajas. Y para eso hace falta revelarse; hay que compartir cosas sobre uno mismo.

Tuve algunas experiencias personales que me llevaron a pensar en ello. Pensé en lo incómoda que me sentía a veces compartiendo detalles personales con colegas con los que trabajaba a diario, en quienes creía confiar y con los que pensaba que mantenía buenas relaciones. Me encontré a mí misma censurando parte de la información que estaba dispuesta a compartir. Eso me dio la idea que necesitaba para entender un poco más cómo establecer relaciones más allá de las fronteras en el lugar de trabajo, porque ello resulta fundamental para ayudar a esos equipos diversos a alcanzar su potencial.

Tienes una anécdota de cuando uno de tus compañeros te preguntó qué habías hecho el fin de semana. ¿Podrías compartirla?

En realidad, esa historia comenzó esta corriente de investigación. Era mi cumpleaños y me hacía mucha ilusión. Era viernes, así que tenía todo el fin de semana para celebrarlo. Todo el mundo sabía que era mi cumpleaños.

Cuando me presenté en el trabajo el lunes, toda contenta, uno de mis compañeros me preguntó: «¿Qué tal tu cumpleaños? ¿Qué has hecho este fin de semana? ¿Qué tal te ha ido?». A lo que le contesté:

«Me reuní con unos buenos amigos a los que hacía años que no veía. Salimos a cenar y fuimos a un concierto». Él respondió: «Ah, un concierto. ¿A quién viste?». Y yo le dije: «No lo conocerías». Entonces, volví a centrarme en la cena y en el estupendo restaurante.

Escondí bajo la alfombra a quién había ido a ver, y eso me molestó durante un tiempo. ¿Por qué no quise decirle que había ido a ver a Kirk Franklin, un artista de góspel afroamericano muy popular? De algún modo, creía que mi colega no sabría quién era esa persona, y tal vez destacaría que soy negra y cristiana. Sentí que eran cosas que quizás no debía compartir con él.

Pero, al pensar en ello, me di cuenta de que mi colega nunca habría dudado en compartirlo conmigo. Él me ha hablado de todos los grupos que ha visto y de los que yo nunca he oído hablar, a lo que le decía: «Vale, guay, bien por ti». Nunca le he juzgado por la música que le gusta y escucha. Fue un momento *eureka*.* Si no acepto lo que soy, si no amo lo que soy, si no comparto lo que soy, ¿cómo puedo esperar que los demás hagan lo mismo?

¿Cómo influye el hecho de pertenecer a una minoría, ya sea por motivos raciales, sexuales o políticos, en la autenticidad y autorrevelación de uno mismo?

Cuando empezamos esta investigación, escribimos un artículo titulado «Getting Closer at the Company Party» (Acercándose en la fiesta de la empresa). Parte de la idea en la que se basaba el artículo era que las empresas organizan eventos —actividades, *happy hours*, fiestas de Navidad, etc.— a los que invitan a todos los empleados con

---

* *Eureka* (en griego εὕρηκα *héurēka*, «¡Lo descubrí!»; es una famosa interjección atribuida al matemático griego Arquímedes de Siracusa y es utilizada como celebración de un descubrimiento, hallazgo o consecución que se busca con afán (*N. del E.*).

la esperanza de que, de algún modo, sirvan para acercar a la gente y crear mejores relaciones. Cuando hicimos esta investigación, preguntamos a la gente: «¿Vas a estos eventos? ¿Quién te acompaña? ¿En qué se parecen a ti? ¿Qué cerca te sientes de ellos cuando termina la fiesta? ¿Ves algún repunte positivo, sobre todo cuando la gente comparte la misma identidad?».

Cuando las personas están en minoría, o son muy diferentes de la gente que les rodea, no tienen ese mismo repunte de sentimientos positivos de cercanía con la gente después de haber participado en esos actos. Básicamente nos decían: «Voy a esos eventos porque tengo que hacerlo». No tienen la sensación de que les vayan a llevar a algo diferente. Eso era cierto para cualquiera que se sintiera rodeado de gente que no era como él, aunque formara parte de lo que podríamos considerar un grupo mayoritario en Estados Unidos.

Pero entonces hicimos una investigación específicamente con afroamericanos para preguntarles: «¿Hasta qué punto te sentirías cómodo compartiendo o hablando con personas de aspecto diferente al tuyo en el lugar de trabajo?». Una y otra vez obtuvimos pruebas de que la gente se sentía más cómoda con otros que se parecían a ellos y que les preocupaba que compartir algo sobre sí mismos que fuera diferente creara más distancia entre ellos y los demás, en lugar de acercarlos. Les preocupaba que compartir algo pudiera tener implicaciones negativas para su credibilidad y su estatus en el lugar de trabajo.

Así que es una preocupación real. Cuando he escrito sobre este tema, he utilizado historias de ejecutivos de Wall Street que decían: «Mira, mis números eran perfectos —eran mejores que los de los demás—, pero aun así no me ascendían. Y cuando hablé con mi jefe sobre lo que estaba pasando, me dijo: "Es que no te conocemos"». Para esas personas era importante tomar una decisión sobre cuánto querían conectar con los demás en el lugar de trabajo. Ello puede tener grandes implicaciones.

Tienes otra anécdota sobre cuando tuviste que arriesgarte respecto a lo que ibas a decir a tus colegas.

Sí, esa historia fue otro momento *eureka* para mí, y definitivamente un riesgo que tuve que decidir si quería correr o no.

Nací y crecí en Chicago, y cuando ocurrió esa historia yo era profesora en la Northwestern University. Mis padres seguían viviendo en el South Side de Chicago, con mi numerosa familia. Un día estaba en el trabajo cuando recibí una llamada de una de mis sobrinas, quien me dijo: «Tienes que venir enseguida al South Side porque han detenido a los abuelos».

Estaba petrificada, pero *tenía que irme.* Tuve que marcharme rápidamente.

Por supuesto, cuando volví al trabajo, mis compañeros me preguntaron: «¿Qué ha pasado? ¿Está todo bien? ¿Está todo el mundo bien?». En ese momento tuve que decidir si iba a compartir con mis colegas que mis padres habían sido detenidos porque la policía había perseguido a uno de mis sobrinos hasta el cuarto de baño de la casa de mis padres. Quién sabe si había hecho algo malo. Las cosas se complicaron a partir de ahí.

Decidí compartirlo, sobre todo porque, en mi opinión, no existía una buena alternativa. La consecuencia de decir «Esto es demasiado complicado para compartirlo contigo», mentir al respecto o decir «Oh, no fue nada» no sería mejor que decir la verdad. Así que dije: «Fue una situación muy difícil, pero quiero compartir con todos lo que pasó».

Me apoyaron mucho. Me preguntaban una y otra vez cómo iban las cosas. Debido a los tribunales y otras cosas, pasó un año y medio antes de que todo terminara. Creo que fue realmente un momento de unión, porque les dio a mis colegas la oportunidad de ver que, aunque lo había conseguido —ahí estaba yo, profesora en

Northwestern—, como mujer afroamericana me enfrentaba a una vida que ellos no veían, y eso les hizo respetarme más.

Al parecer a veces podemos elegir autorrevelarnos; podemos elegir compartir información, y eso puede ser estratégico cuando intentamos construir relaciones en el trabajo. Pero a veces ocurre por sorpresa; puede que se produzca una emergencia familiar o que alguien te haga una pregunta que no esperabas que te hiciera.

Es una experiencia muy común. La realidad es que todos estamos en nuestro propio camino de identidad y decidimos hasta qué punto nos sentimos cómodos revelando diversas cosas sobre nosotros mismos. En mi caso, mi identidad racial es muy visible. Nunca he pensado en ocultarla.

Pero sí he estado en contextos en los que debía tener cuidado a la hora de resaltarlo o de dejar que fuera el centro de atención. Es muy normal que la gente quiera pertenecer a algo. Todos tenemos una necesidad de pertenencia, y a menudo nos preocupa que, si destacamos cosas de nosotros que son diferentes, eso nos haga sentir que no pertenecemos al lugar donde estamos. Es absolutamente normal.

Resumen rápido

A menudo a la gente le preocupa que compartir algo sobre su vida personal, especialmente si pertenece a un grupo minoritario, pueda tener implicaciones negativas para su credibilidad y estatus en el trabajo. Considera estos puntos a la hora de decidir qué y cuándo compartir:

- Compartir información personal ayuda a crear cohesión y confianza en las relaciones profesionales. Y sin ella puedes perder oportunidades profesionales.

- Si tienes la tentación de guardarte algo para ti, recuerda que si no aceptas y compartes quién eres, no puedes esperar que los demás hagan lo mismo.

- Si no te sientes cómodo en un determinado contexto, quizá debas tener más cuidado con lo que compartes.

Para escuchar la entrevista completa a Katherine M. Phillips, escucha este pódcast:

6

¿Deberías revelar una identidad marginal invisible en el trabajo?

Lo que hay que tener en cuenta antes de hacer la llamada

por Dannie Lynn Fountain

Cuando estaba en mi primer año de universidad, trabajaba por las noches como jefa de turno en el McDonald's local. Una noche, los miembros de mi equipo en la línea de preparación estaban hablando de sus vidas amorosas. Un compañero hizo un comentario sobre un amigo suyo que tenía una relación homosexual. La respuesta fue universal: de asco. Yo aún no había salido del armario ante mis compañeros y me vi en la incómoda situación de dirigir a un grupo de personas que me encontraban repulsiva. Estaba aterrorizada. ¿Y si mi novia venía a comer? ¿Y si mis compañeros me veían en la caja y mencionaban mi vida personal? A pesar de mi poder, me sentía insegura.

En ese momento, y en otros tantos desde entonces, una parte silenciosa de mi identidad fue juzgada o aceptada sin que nadie reconociera que había alguien de una comunidad marginal. Soy una mujer cisgénero *queer*, multiétnica, neurodivergente, muy tatuada, casada, de tallas grandes y estadounidense de primera generación. Me crie en un hogar de clase baja y actualmente pertenezco a la clase alta sin deudas. A excepción de mis tatuajes, mi identidad de género y mi tamaño corporal, todas las demás identidades enumeradas aquí son invisibles en mi presentación.

Una *identidad marginal invisible* es cualquier identidad que se margina con frecuencia y puede ser invisible en nuestra presentación diaria. Mi identidad birracial es marginal, pero, como me presento como una mujer blanca, es invisible. Del mismo modo, mi sexualidad, mi neurodivergencia y otras identidades suelen estar marginadas, pero no son evidentes de inmediato cuando me conoces. Por último, hay aspectos de mi identidad que son visibles y también están estigmatizados por la sociedad, como el peso. Durante la mayor parte de mi vida profesional, por ejemplo, me he presentado como una persona «con sobrepeso», encontrándome con casos incómodos de sillas de oficina en las que no cabía, juicios silenciosos sobre los alimentos que comía y, a menudo, escuchando conversaciones sobre salud y dieta en la mesa del almuerzo de la oficina. Ahora, después de perder ochenta kilos, ya no me considero una persona con sobrepeso, pero sigo siendo considerada «obesa mórbida» según el estándar médico del índice de masa corporal.

Cuando partes de tu identidad están marginadas y son invisibles para los demás, moverse por el mundo puede ser como caminar con dinamita en el bolsillo. Sabes que está ahí, su peso te recuerda su poder, y cualquier transeúnte desprevenido puede provocar una explosión. Es una situación aterradora, sobre todo en el trabajo. A veces la invisibilidad va acompañada de un alivio silencioso, pero la mayoría de las veces es solitaria. Aunque la «gordofobia», por ejemplo, sigue formando parte de mi vida cotidiana, ya no afecta a mi promoción profesional como antes. En otros casos, las decisiones en fracciones de segundo sobre si responder o no a las microagresiones en el trabajo ocupan más espacio en mi cabeza que cualquier otro aspecto de mi trabajo.

Las preguntas en mi mente dan vueltas y son agotadoras: «¿Qué parte de mí revelo a mis colegas? ¿Qué partes oculto? ¿Qué debo tener en cuenta antes de tomar esas decisiones? ¿Cómo pueden los demás acomodar o aceptar las identidades que se niegan a reconocer o que ni siquiera pueden ver?». Basándome en mi experiencia personal, esto es lo que he aprendido.

¿Cuándo revelar una identidad marginal invisible en el trabajo?

En primer lugar, y lo más importante, no hay obligación de revelar ninguna identidad, nunca. Por algo las solicitudes de empleo incluyen un formulario de autoidentificación voluntaria. Decidir revelar una identidad marginal puede acarrear nuevos factores de estrés en el trabajo, ninguno de los cuales es responsabilidad tuya, pero sí afectan a tu capacidad para obtener ingresos.[1] No es en absoluto vergonzoso optar por *no* revelar una identidad invisible para proteger tu capacidad de obtener ingresos. La supervivencia siempre tiene prioridad sobre la revelación.

Sin embargo, en un clima de microagresiones tóxicas y persistentes, mantener ocultas las identidades marginales invisibles puede resultar agotador. Tomar la decisión de revelar las identidades invisibles puede, en muchos casos, convertirse en la chispa del cambio. He aquí algunos casos en los que revelar una identidad marginal puede ser útil:

- Evita que el equipo de marketing lance una campaña o un producto ofensivo o, como mínimo, perjudicial. Por ejemplo, compartir tu identidad latina mestiza e invisible podría ayudar a tu equipo a entender cómo una campaña de marketing digital centrada en el «maquillaje de calaveras de azúcar» para Halloween podría ser ofensiva y considerarse apropiación cultural.

- Ayuda a que las iniciativas internas de cultura de empresa se transmitan por medios edificantes. Por ejemplo, revelar una historia personal sobre la «gordofobia» podría disuadir al personal de votar un nombre de equipo que demonizara a las personas gordas.

- Da forma a vuestra manera de pensar sobre el lenguaje en el trabajo. Por ejemplo, hablar de tus experiencias personales con la salud mental podría ser una vía para explicar por qué sustituir las palabras «loco» o «demente» por un lenguaje más preciso podría ser útil en las conversaciones con los demás.

En cada uno de estos casos, los beneficios de alzar la voz incluyen hacer del lugar de trabajo un sitio más sano y respetuoso en el que estar cada día.

También hay que considerar si se debe revelar algo durante el proceso de contratación o una vez que se es empleado. La discriminación abierta o encubierta puede producirse durante y después de la contratación, a pesar de las protecciones legales, y la búsqueda de recursos puede implicar a menudo un largo proceso. Si estás marginado pero no se te conceden derechos o reconocimiento legales o políticos, las protecciones no existen en absoluto. Por ejemplo, formar parte de la comunidad LGBTQIA+ puede no estar legalmente reconocido en algunos países; la neurodivergencia no siempre está protegida por las leyes sobre discapacidad, y las identidades basadas en el peso no están protegidas en muchos estados del país.

Revelarlo durante el proceso de entrevista puede ayudarte a calibrar la reacción del empleador ante tu revelación y a comprender si es probable que te sientas respetado e incluido en tu trabajo diario. Al fin y al cabo, la entrevista es tu oportunidad de investigar a la empresa y determinar si encaja bien contigo. Haz preguntas que te ayuden a conocer mejor la cultura de la empresa, así como las actitudes y creencias de los directivos en torno a la diversidad y la inclusión. En otras palabras, revelarlo en la entrevista puede ser la mejor opción, ya que te ayudará a hacerte una idea más real de la perspectiva del empleador y, al mismo tiempo, te permitirá interponer recursos legales si sufres discriminación después de revelarlo.

¿Cómo revelar una identidad marginal invisible?

Tomar la decisión de revelar una identidad requiere una reflexión detenida y sopesar muy seriamente los pros y los contras. La seguridad psicológica dentro de un equipo, el posible apoyo de un jefe y la cultura general de la empresa son factores importantes. Si te sientes cómodo siendo vulnerable y sincero con tus compañeros, el siguiente paso es determinar cómo compartir detalles concretos.

A menudo, la acción de revelar una identidad marginal invisible se produce por etapas. Puedes empezar uniéndote a una lista de correo de la empresa o a un grupo de recursos para empleados. En mi caso, la primera revelación de mi neurodivergencia en el trabajo se produjo al unirme a las listas de correo electrónico sobre trastorno de déficit de atención/hiperactividad (TDAH), autismo y discapacidad de mi empresa. Este tipo de listas de correo pueden proporcionar contexto y recursos adicionales sobre cómo otros han revelado sus identidades, o plantillas que pueden aprovecharse para futuras revelaciones. Si otra persona ha revelado una identidad que tú también posees, es posible que haya creado un documento de preguntas frecuentes para reducir el número de cuestiones personales que tenía que resolver. Es posible que puedas aprovechar este mismo documento (o algo similar) durante tu divulgación. (Para obtener más información sobre los retos que supone compartir detalles sobre el autismo, el TDAH u otra neurodiferencia, consulta el cuatro de texto «Revelación de la neurodivergencia»).

La siguiente fase de tu revelación puede ser una conversación individual con tu jefe. Lo ideal es una conversación en la que compartas no solo la identidad en cuestión, sino también el impacto de esa identidad. Por ejemplo, ¿tu neurodivergencia te plantea formas alternativas de recibir información? ¿Tu identidad mestiza te hace sentirte incómodo los martes de tacos debido a la naturaleza de las conversaciones o el comportamiento del equipo? Anclar una revelación en cómo te afecta a ti y al equipo ayudará al directivo a decidir qué hacer a continuación.

La etapa final de la revelación inicial puede ser la decisión de compartir tu identidad con el equipo en general. Puede ocurrir inmediatamente después de las dos acciones anteriores, pero también puede suceder un poco más tarde o cuando surja la oportunidad en un entorno de equipo. Esta etapa es la más variable, y se centra principalmente en tu nivel de comodidad y en el contexto de la cultura del equipo. Puedes empezar confiando en una o dos personas y abrirte poco a poco al resto. Podrías decir: «Hola, sé que trabajamos juntos con bastante frecuencia en X proyecto. Querría compartir con vosotros que tengo TDAH, lo que me hace tener dificultades con Y. Al compartir esto con vosotros, espero que podamos ajustar el proceso Z para adaptarnos a esto».

Revelar una identidad marginal invisible no es una decisión que se toma una sola vez. Como habrás oído en las historias de los miembros de la comunidad LGBTQIA+, «salir del armario» con una identidad invisible es un proceso continuo y puede repetirse

Revelación de la neurodivergencia

por Ludmila N. Praslova

Cada vez que escribo sobre autismo y neurodiversidad, mi bandeja de entrada se llena de notas de jóvenes profesionales con talento. He oído hablar de personas que enmascaran su autismo para evitar estereotipos o la discriminación en el trabajo. He leído testimonios de empleados que son rechazados, acosados, explotados o mal pagados por ser neurodivergentes. Además de los que fueron rechazados o despedidos después de revelar su autismo, TDAH u otra neurodivergencia. Algunos quieren mi consejo. Otros quieren ser escuchados. Sus historias varían, pero todas resuenan de algún modo. Yo misma soy autista.

Las personas de la comunidad de la neurodiversidad son creativas, divertidas, sensibles, empáticas y realizadas. Nos ayudamos unos a otros. Pero, dadas nuestras experiencias en el lugar de trabajo, no es de extrañar decidir si, cuándo y cómo revelar detalles sobre nuestras identidades es especialmente difícil.

Algunas personas ocultan su identidad en el trabajo por muchas razones, como el miedo a los prejuicios o al acoso. Otros pueden querer revelarla al principio del proceso de solicitud porque necesitan adaptaciones específicas; por ejemplo, muchos autistas se benefician de recibir las preguntas por escrito o disponer de un entorno de trabajo tranquilo. Otros pueden conocer a sus colegas y generar cierta confianza antes de divulgarlo. Sea cual sea tu decisión, puede provenir de la dignidad y la fortaleza.

Por ejemplo, si estás en una entrevista de trabajo, puedes ser franco y, al mismo tiempo, señalar tus puntos fuertes diciendo algo como: «Soy sensible al ruido, pero eso también significa que estoy muy concentrado en el trabajo». Si deseas no revelar tu diagnóstico, puedes dejar claras tus preferencias de una forma más sutil: «Trabajo mejor cuando estoy en un espacio tranquilo. Así soy más productivo».

Aunque algunos jefes o compañeros de trabajo podrían reaccionar negativamente, no dejes que eso te desanime. Cuando eres dueño de ti mismo, puedes acabar encontrando algunos aliados o incluso inspirar a otros a revelar su discapacidad o identidad.

Personalmente, la revelación me parece liberadora y socialmente responsable. Cuando nos asimilamos a sistemas que nos discriminan, podemos perpetuar involuntariamente la discriminación. Dicho esto, no te presiones. Puede que seas una persona reservada, que tu entorno no sea seguro, o tal vez solo quieras investigar más.

Así que tómate tu tiempo, y si (o cuando) te sientas preparado para hablar de tu identidad, recuerda que tu diferencia no es un defecto. Es solo eso: una diferencia.

---

una y otra vez con los cambios de función, equipo, responsabilidades, empresa y demás. Ten en cuenta que la decisión de revelar una identidad invisible puede diferir en cada uno de estos contextos. Es decir, puede que reveles tu identidad a tu equipo inmediato pero no a los equipos de departamentos auxiliares con los que también trabajas con cierta frecuencia.

A fin de cuentas, recuerda que tú tienes el poder de la revelación y el contexto para saber si revelar algo perjudicará tu seguridad en el trabajo. En última instancia, la decisión de revelar (o no) es tuya.

Resumen rápido

Las identidades marginales invisibles no suelen verse en nuestra presentación diaria. Si tienes una identidad marginal invisible, puedes revelarla, pero antes ten en cuenta lo siguiente:

- Revela información solo si te sientes cómodo y seguro.

- En algunas situaciones, tomar la decisión de revelarlo puede ser la chispa que genere el cambio.

- Cuando te presentes a una entrevista de trabajo, considera la posibilidad de revelarlo después de llegar a una entrevista más personal.

- Si decides divulgarlo, busca recursos creados por *listservs* o grupos de recursos para empleados en tu empresa.

- Mantén una conversación cara a cara con tu jefe. Discute cómo tu identidad te afecta a ti y al equipo, y cómo puede apoyarte tu jefe.

- Ábrete a tus colegas o compañeros de equipo cuando te sientas cómodo haciéndolo.

Para saber más sobre la neurodiversidad en el trabajo, escucha este pódcast:

7

Salir del armario como trans en el trabajo

Un marco para antes, durante y después

por Michael Cherny, Shalene Gupta y Sandra J. Sucher

He sabido que era diferente desde que tenía ocho años, pero el proceso de salir del armario ha sido un viaje de mil pasos.

Me incorporé a Deloitte a tiempo completo en 2012. Poco después asumí un puesto de liderazgo en el grupo de recursos para empleados del orgullo. Sin embargo, no fue hasta 2019 cuando decidí salir públicamente del armario como trans tras conocer a mi pareja. Su apoyo inquebrantable a mi identidad me hizo darme cuenta de que quería que el mundo me abrazara y me viera como ella. Ya estaba en proceso de transición social, pero en ese momento nadie en el trabajo lo sabía.

Mi compañero me dio un gran consejo. Me preguntó: «¿Qué estás dispuesto a sacrificar? ¿Estás dispuesto a ser una isla? ¿Estás dispuesto a perder tu trabajo, tus amigos, tu familia?». Y me di cuenta de que sí lo estaba.

Decidí salir del armario el día de mi cumpleaños. Adopté un enfoque cuádruple. En primer lugar, programé conversaciones individuales con personas con las que quería asegurarme de hablar antes de hacerlo públicamente. En segundo lugar, fui más lejos y publiqué un artículo en nuestra intranet. En tercer lugar, mi jefe de entonces envió un correo electrónico a toda la empresa (unas 900 personas en todo Canadá). Por último, hice lo típico de los *millennials* y lo publiqué en las redes sociales. Me puse traje y corbata —era la primera vez que llevaba corbata al trabajo—, y mi compañero me hizo una foto en el vestíbulo con una escarapela que ponía «Birthday Boy». La publiqué en las redes sociales con el siguiente pie de foto: «Hola, soy Mike. Y hoy es mi primer día viviendo mi verdad».

No esperaba la abrumadora respuesta que recibí. La gente me mandaba mensajes, me llamaba y recibí miles de comentarios en Instagram, Facebook y LinkedIn. Hasta la fecha, mi publicación en LinkedIn ha recibido más de medio millón de visitas.[1] Tras innumerables conferencias, artículos e incluso una portada en una revista, he contado mi historia a más de un millón de personas.

Sigo recibiendo mensajes pidiendo consejo sobre cómo salir del armario en el trabajo, e intento responder a cada uno de ellos porque recuerdo la sensación de no saber por dónde empezar ni a quién acudir. Intento ofrecer el apoyo que me hubiera gustado tener, porque salir del armario es complejo. No hay un manual. No hay una forma correcta de hacerlo.

Al salir del armario, me había convertido involuntariamente en un pionero en el mundo empresarial. No podía elegir ser un pionero, pero sí podía elegir ser una persona que pavimenta el camino, alguien que se asegura de que el camino sea un poco más fácil para todos los demás que atraviesan un proceso de salida del armario.

Como parte de ese esfuerzo, he creado un marco de tres fases para reflexionar sobre lo que puede ocurrir antes, durante y después de salir del armario en el trabajo. Como la experiencia de cada persona es diferente, he recurrido a una increíble red de personas para asegurarme de que este marco incluya múltiples perspectivas:

- Rachel Clark, especialista en seguridad de la información de TD Bank.

- Ry Maisonneuve, responsable de inclusión en Deloitte Canadá.

- Sophia David, líder de aprendizaje profesional y liderazgo en Deloitte Consulting India.

- Harrison Browne, actor y exjugador de *hockey* profesional.

- Maeve DuVally, directora de comunicación corporativa de Goldman Sachs.

- Owen Heighes, vicepresidente adjunto de MetLife.

- Katherine (Katie) Dudtschak, vicepresidenta ejecutiva de RBC.

Su amplia variedad de experiencias y estrategias responde a diferentes culturas, contextos y situaciones. No hay una forma correcta o incorrecta de hacerlo: en última instancia, se trata de recorrer el camino de una manera que sea fiel a uno mismo.

Antes

Calcula tus riesgos

Cuando salí del armario, estaba preparado para dejar mi trabajo y ver cómo se desintegraban todas mis relaciones sociales. Por suerte, eso no ocurrió, pero la trágica realidad es que muchos lugares son transfóbicos y puede que necesites un plan de respaldo.

También me preocupaba que me tomaran menos en serio como profesional y no me promocionaran. Salir del armario me dio una plataforma y una forma de conectar con los demás de forma más auténtica, pero, de nuevo, tuve suerte. No es la experiencia de todo el mundo. Así que piensa en lo que arriesgas y a lo que estás dispuesto a renunciar.

Rachel Clark salió del armario en 2007 —veinte años después de una carrera en el sector tecnológico que incluía puestos directivos— tras dejar su trabajo y tuvo dificultades para reincorporarse a su sector debido a la discriminación. Las puertas que siempre había creído abiertas se cerraron de golpe. Al final pudo encontrar trabajo, y ha comentado que hoy vivimos en una era más progresista. Aunque todavía queda mucho camino por recorrer, ahora hay más diálogo sobre lo que significa salir del armario y ser trans en el trabajo, y más gente desafía visible y abiertamente los estereotipos y las ideas equivocadas. Sin embargo, insiste en que, si pudiera volver atrás y hacerlo todo de nuevo, habría salido del armario antes.

Haz tus deberes

Infórmate de las leyes sobre discriminación de tu país y ciudad, y sobre la política de tu empresa en materia de discriminación para saber hasta qué punto estás protegido. Profundiza en los detalles de la política de tu empresa sobre los espacios de género, como los lavabos, y el código de vestimenta, si existe. Identifica las lagunas. Evalúa hasta qué punto son importantes para ti y si estás dispuesto a abogar por cambios en la política.

Consulta también tu póliza de seguro médico. ¿Está cubierta la terapia hormonal? ¿La cirugía? ¿La ayuda para la salud mental?

Haz una lista de todas las personas a las que tendrás que notificar el cambio de nombre. No olvides documentos importantes como el carné de identidad (pasaporte o carné de conducir), pólizas de seguro, tarjetas de seguridad y direcciones de correo electrónico.

Maeve DuVally probó su nueva rutina antes de hacer la transición en el trabajo. Los fines de semana se tomaba su tiempo para ir a los vestuarios femeninos y familiarizarse con el espacio y fijar su rutina. «Entrar en los vestuarios femeninos me intimidaba mucho, dada la polémica suscitada por la ley de baños de Carolina del Norte», explica.[2]

Aboga por cambios políticos o por la protección si lo necesitas

Cuando Sophia David salió del armario en 2019, era un delito ser LGBTQ+ en la India. Sin embargo, después de luchar con éxito contra el cáncer, se dio cuenta de que para ella salir del armario era necesario. Dado que Deloitte es una empresa internacional, razonó que, si no había protecciones legales en la India, podría abogar por que Deloitte Consulting India creara una política que la protegiera. Se encontraba en la situación única de trabajar para las oficinas estadounidenses de Deloitte en la India, lo que significa que las oficinas son una extensión de la oficina estadounidense de Deloitte.

Sophia pasó por un exhaustivo proceso de reuniones con líderes para pedirles su apoyo y que le presentaran a otros líderes influyentes. Una vez que contó con el apoyo de un grupo de líderes, habló con un experto en talento de Deloitte Consulting India, quien se mostró comprensivo y tomó medidas para crear una política inclusiva y unas directrices de apoyo a los empleados LGBTQ+ comparables a las que recibían los empleados en Estados Unidos. Esto incluía garantizar que el seguro médico cubriera la terapia de sustitución hormonal y la cirugía de reconstrucción de género. Una vez publicada la política, Sophia empezó a hablar con otros miembros de su equipo y con sus jefes sobre su identidad, y posteriormente envió una nota a toda la oficina.

Con el apoyo de su jefe, Sophia se sintió finalmente cómoda asumiendo el riesgo calculado de salir del armario; sin embargo, la capacidad de autodefensa de cada persona varía. Y, como señala Sophia, su puesto en Deloitte le permitió defenderse de maneras a las que no todo el mundo tiene acceso, y su deseo de salir del armario en un entorno en el que era ilegal fue por necesidad.

Averigua a quién debes informar

Me tomé el pulso antes de salir oficialmente del armario. Antes de salir del armario en el trabajo se lo conté poco a poco a las personas más cercanas a mí y averigüé cómo se sentían, cuáles eran sus reacciones y cuál era la mejor manera de prepararme para esas reacciones de los demás en el futuro. Empecé escribiendo una lista de unas veinticinco personas a las que quería contárselo personalmente, y sistemáticamente tuve una conversación tras otra. Fue difícil. ¿Cómo se empieza esa conversación? De hecho, acabé escribiendo un guion.

Owen Heighes empezó por dirigirse a su jefe. Junto con RR. HH., desarrollaron una estrategia para identificar a las personas con las que quería conectar antes de actualizar su nombre y pronombres en el directorio corporativo. Owen desempeña un papel muy visible y global, por lo que optó por mantener primero conversaciones individuales con determinados directivos de su empresa. Maeve

DuVally trabajó con un representante de RR. HH. para confeccionar listas de empleados internos y partes interesadas externas a los que habría que informar antes del anuncio general, así como para determinar de quién procedería la noticia: un representante de RR. HH., Maeve o su jefe. Ry Maisonneuve evitó un anuncio de la empresa y se limitó a añadir sus pronombres a su perfil de LinkedIn; después, los amplió a su firma de correo electrónico y, por último, a las presentaciones durante las reuniones. Katherine (Katie) Dudtschak destacó que su empresa se asoció con ella excepcionalmente bien; la empresa respetaba claramente que esta era su historia y su plan. Ella era la dueña y tomaba las decisiones clave.

Rachel recomienda prepararse para lo inesperado: «Había gente que pensé que serían aliados y gente que pensé que serían auténticas pesadillas. Me equivoqué al 100 %».

Durante

Gestiona tu salud mental

El día que salí del armario me apunté a reuniones consecutivas para no tener que hablar con nadie. En retrospectiva, no fue la mejor idea. Hubo una respuesta abrumadora y, aunque fue positiva, gestionarla requirió mucha energía mental y emocional.

Date tiempo y espacio para procesar todas esas emociones. Apóyate en tus redes personales. No temas pedir tiempo libre o acudir a terapia. La transición es importante, y es lógico que tengas muchas emociones que tardarás más de un día en procesar.

Maeve vivió una experiencia similar, e incluso fue seguida por un periodista del *New York Times* durante los tres primeros días. Dice que, con el tiempo, la gente se acostumbró a su nueva identidad, la aceptó y siguió adelante con su vida.

Katie adoptó el enfoque opuesto. Salió del armario por vídeo con su CEO y su jefe, y luego trabajó a distancia durante dos meses, durante los cuales se sometió a algunos tratamientos médicos, pasó un tiempo crítico con la familia y se preparó para su nueva vida. «Tenía tanto miedo de que cualquier reacción visceral negativa arruinara mi confianza en mí misma —explica—, que opté por no estar en la oficina; elegí estar fuera de la oficina y hacer teleconferencias. Eso también dio tiempo a la empresa para que los más de veinte mil empleados de la división trabajaran en una importante formación sobre transexualidad».

Gestiona a las personas que te rodean

En un momento dado, tenía una lista de quién lo sabía y quién no, lo que me ayudó a mantenerme organizada. La reacción más común que recibí fue: «Te apoyo, pero no sé cómo ser útil». Después de un tiempo, puede resultar agotador convertirse en la fuente de referencia para las preguntas de todo el mundo. He tenido la suerte de que algunas personas increíbles se han ofrecido a ayudarme.

De hecho, una amiga del grupo de recursos para empleados orgullosos de Deloitte dirigió una sesión a puerta cerrada con altos cargos de la empresa. Habló sobre la transición, explicó por lo que estaba pasando y respondió a todas las preguntas, desde las más básicas (como «¿Qué significa realmente la transición?») hasta «¿Cómo podemos apoyar a Michael?» y «¿Cómo respondemos a las preguntas de otros empleados sobre la política de baño?». Yo no tenía por qué estar allí, así que ella me informó después. Ahora intento ofrecerme como un recurso similar a personas de todo el mundo cuando lo necesitan.

Del mismo modo, mientras Katie estuvo fuera de la oficina durante dos meses, su empresa organizó cursos de formación para que todos tuvieran tiempo de procesar su transición y adaptarse a ella. Durante su ausencia, Katie recibió cientos de correos electrónicos, a cada uno de los cuales se tomó la molestia de responder. Y así ha seguido hasta hoy. «Era muy importante recargar las pilas emocionalmente y estar preparada para volver al trabajo como yo misma», afirma.

En Goldman Sachs, el director de Maeve envió una nota interna a su planta el día que salió del armario. Maeve señaló que, en varios sentidos, el hecho de salir del armario reforzó su relación con compañeros de trabajo que también están infrarrepresentados. «Percibí que ahora pertenecía a un grupo que podía sufrir discriminación —dijo—. Desarrollé experiencias más ricas y auténticas».

Owen señala que tenía la intención de no corregir públicamente a la gente si cometían un error honesto, como utilizar accidentalmente los pronombres equivocados al referirse a él. «Mi objetivo era normalizar mi transición, y corregir el error llama más la atención sobre algo —afirma—. Durante ese momento, lo tomé con calma. Mucha gente cometería un error y se disculparía entre bastidores. Yo lo tomé fuera de línea si era importante. Quería eliminar del proceso la sensación de andar con pies de plomo». Subraya la importancia de asumir una intención positiva y recordar que es un proceso para todos, incluido uno mismo.

Aunque es importante suponer una intención positiva, por desgracia existen personas que albergan sentimientos y percepciones negativas sobre las personas trans y no binarias. Si sufres acoso en el trabajo, asegúrate de consultar las políticas y protecciones que has investigado antes, o de identificar los recursos que tienes contra la discriminación. No dudes en utilizar estas políticas y mecanismos para denunciar o responder a cualquier tipo de acoso o intimidación en el lugar de trabajo. Apóyate en tus aliados dentro y fuera del lugar de trabajo para que te apoyen y te defiendan, y reconoce que no es tu responsabilidad educar o dirigir a estas personas tú solo.

Gestiona los cambios físicos y emocionales

Cuando decidí salir del armario, estaba nerviosa por el hecho de que iba a cambiar física y emocionalmente. ¿Cómo empiezas a hablar de que de repente vas a usar un baño distinto, llevas ropa diferente o, en mi caso, te ha salido vello facial y tienes una voz más grave?

Empecé desde la honestidad y la vulnerabilidad. Ninguno de nosotros —ni yo ni la gente que me rodeaba— habíamos pasado antes por esta situación. Hablé con mis jefes y les expliqué lo que sentía y lo que necesitaba, ya fuera tiempo libre, horarios flexibles o espacio para experimentar con un nuevo estilo de liderazgo. Tuve que ser muy consciente de mis emociones para asegurarme de que no afectaban a las personas que dirigía. Además, fui cortés y franca a la hora de expresar lo bien que me sentían comentarios como «me encanta el vello facial» o «tu voz es cada vez más grave», y lo mucho que los agradecía. Y lo más importante, me apoyé en mis redes. A menudo pedía a mi pareja y a mis amigos que comprobaran la cordura de mis emociones.

Pero ese fue solo mi enfoque. Owen señala que decidió afrontar las primeras fases de su transición en privado hasta que estuvo preparado para mantener conversaciones sobre sus cambios físicos y emocionales.

Después

Salir del armario es un viaje continuo. No puedes volver atrás una vez que has salido. Llevo saliendo del armario desde 2019, pero todavía tengo que hacerlo con gente que no me conoce. Hablo rutinariamente en eventos de diversidad e inclusión en los que tengo que salir del armario ante clientes que, de lo contrario, me ven como un hombre blanco cis pasivo. A veces me tiembla la voz cuando digo mi nombre y mis pronombres en voz alta, igual que cuando empecé a salir del armario. Sigue pareciéndome surrealista y, sin embargo, siempre ha sido así dentro de mi cabeza.

Sigue habiendo retos diarios. Me enfrento cada días a microagresiones, como que me llamen por mi antiguo nombre o me insulten. Me dan vueltas en la cabeza y me pregunto *si hoy he hecho un buen trabajo siendo yo*, que es una pregunta descabellada. Aún no he encontrado todas las respuestas, pero intento ir paso a paso y pedir ayuda cuando la necesito.

Gestiona los focos

Cuando salí del armario, me vi de repente en el punto de mira. En muchos aspectos ha sido positivo, pues he podido hablar y ponerme en contacto con gente que de otro modo no conocería; sin embargo, no era una experiencia para la que estuviera necesariamente preparada. «Una vez que sales del armario, la gente va a exigir tu capital emocional», señala Rachel.

Harrison Browne, exjugador profesional de *hockey*, no es ajeno a los focos, pero le costó encontrar el equilibrio entre ser un modelo para la comunidad trans y cuidar su salud mental. «Necesitaba distanciarme de algunas noticias por mi salud mental —afirma—. Como resultado, no estaba tan preparado como me hubiera gustado para un panel, y tuve que perdonarme por ello».

Maeve recomienda pensar estratégicamente en qué compromisos se quiere hablar para evitar el agotamiento. Sugiere elegir días de concienciación como el Mes del Orgullo y la Semana de la Concienciación Trans, ya que son momentos en los que la comunidad en general presta más atención a las experiencias trans y no binarias.

Owen subraya que no hace falta ser portavoz. «No tienes que inclinarte en todos los foros y ser la persona que representa —dijo—. Yo no represento a todas las personas trans. Represento mi propio viaje».

Establece límites

Cuando uno está en el candelero, es fácil sentir que debe al público todo sobre uno mismo; sin embargo, es importante establecer límites. Owen recuerda que alguien le dijo una vez: «La gente tiene que ganarse la oportunidad de hacer preguntas concretas». Él utiliza este consejo para decidir qué preguntas responder y de quién. Hay personas con las que está encantado de mantener una larga y profunda conversación telefónica, y otras con las que se limita a señalar recursos. Owen tiene cuidado con los detalles que comparte públicamente y los que son puramente personales.

«He sido muy abierta con mi historia, pero no hay ninguna razón por la que todo el mundo tenga que ser tan abierto como yo —señala Maeve—. Si hay ciertos aspectos de tu historia que no quieres hacer públicos, estás en tu derecho. Es tu vida. Es tu historia. Es tu historia la que explicas. Y puedes contarla como quieras, porque es tu historia».

Reconoce el vacío

Uno de los aspectos de mi salida del armario para el que no estaba preparada en absoluto fue el vacío que sentí después. Me había preparado durante semanas, meses y años para ese gran momento, y entonces lo hice. Estaba viviendo mi verdad. Me sentí agradecida, agotada y preparada para el resto de mi vida.

Y entonces caí al vacío. El subidón de adrenalina se había acabado. Mis redes ya no me seguían tanto y me preguntaba qué debía hacer a continuación. El mundo me veía viviendo mi verdad, afirmada y validada, pero no se daba cuenta de lo difícil que puede ser pasar de repente a ser el centro de atención sin dejar de mantener el mismo nivel de rendimiento en el trabajo. Y no solo eso, sino que ahora eres muy consciente de la gente que te rodea y estás preparada para algunas microagresiones relacionadas con tu género y tu nombre.

Es especialmente importante permanecer conectado a tus redes durante este tiempo y seguir cuidándote emocional y mentalmente. «Evitar el vacío después significa no dejar que las ondas se calmen demasiado —dice Katie—. Reconoce que no eres una carga y pide revisiones. Es fácil percibir el silencio como "algo va mal" o como un rechazo, pero en realidad la gente ve que estás bien por fuera y quiere dejarte en paz para que existas».

Para mí, salir del armario fue un regalo. Liberó lo que parecía el 40 % de mi cerebro, que pensaba constantemente en mi identidad, preguntándome si debía o no salir del armario y qué pasaría si lo hacía. He tenido mucha suerte con la respuesta de cariño y apoyo que he recibido de mis redes personales y profesionales. Aunque todavía hay días difíciles, salir del armario me ha ayudado a relacionarme mejor con otras personas y me ha creado una plataforma para compartir mi viaje y ayudar a otros a ser ellos mismos, al tiempo que apoyo a las organizaciones para que se conviertan en lugares de trabajo más inclusivos para todos.

No existe un enfoque único para revelarse como trans en el trabajo, pero mi esperanza es ayudar a crear un mundo en el que el camino esté pavimentado con algo más que buenas intenciones, con bloques de construcción que hagan el viaje un poco más fácil para todos los que recorren este camino.

Resumen rápido

No existe una única forma correcta de salir del armario en el trabajo, pero aquí tienes algunos consejos para gestionar el proceso:

- **Antes:** calcula los riesgos, infórmate sobre las leyes y las políticas de la empresa, y defiende cualquier cambio de política o protección si es necesario. A continuación, averigua a quién tienes que informar.

- **Durante:** controla tu salud mental durante todo el proceso. Gestiona a las personas que te rodean de forma que te sientas cómodo pero no agotado, especialmente cuando te enfrentes a cambios físicos y emocionales.

- **Después:** toma el control del foco de atención en el que estás; no tienes por qué ser portavoz. Recuerda establecer límites con los demás, pero mantente conectado a tu red.

¿Quieres saber cómo apoyar en el trabajo a alguien que se declara no binario? Lee este artículo:

SECCIÓN 3

Emociones reales

8

Gestiona el estrés oculto del trabajo emocional
Ocultar tus verdaderos sentimientos es agotador

por Susan David

Con la posible excepción de Oscar el Gruñón de *Barrio Sésamo*, muy pocos tenemos el lujo de ser completa y totalmente nosotros mismos todo el tiempo en el trabajo. El resto de nosotros tenemos que realizar lo que los psicólogos llaman *trabajo emocional*; esto es, el esfuerzo que supone mantener la cara de póker cuando lo que estamos haciendo no se corresponde con lo que sentimos. Esto también lo hacemos fuera de la oficina (por ejemplo, charlando en el ascensor cuando nos sentimos cansados y malhumorados), pero quizá sea más importante en el trabajo porque la mayoría de nosotros estamos allí muchas horas a la semana, y nuestra imagen profesional y nuestro medio de vida dependen de cómo nos mostremos.

Supongamos, por ejemplo, que tu jefe hace un comentario inspirador sobre hacer más con menos, y tú sonríes y asientes, pero lo que te gustaría hacer es volcar la mesa de conferencias. O una clienta te habla con desprecio del mal servicio que dice haber recibido, y tú te muestras siempre cortés y solícito aunque te moleste que te traten con condescendencia. O puede que simplemente hayas dormido mal, pero te esfuerzas por mantenerte enérgico y optimista porque te han dicho —más veces de las que podrías contar— que los «grandes» líderes aportan positividad e inspiración a sus equipos.

El trabajo emocional es una parte casi universal de cada trabajo y de la vida; a menudo se le llama simplemente ser educado. Pero la forma de *actuar* marca una diferencia significativa. Una persona puede *actuar en el fondo* de una manera que siga conectada con sus valores y creencias fundamentales en el trabajo («Sí, la clienta está siendo condescendiente, pero empatizo con ella y me preocupo por resolver su problema»), o *actuar en la superficie* fingiendo o reprimiendo sus emociones («Seré amable aquí, pero en el fondo estoy muy enfadado»).

Las investigaciones demuestran que la tendencia a participar en este último aspecto del trabajo emocional —la actuación superficial, en la que hay un alto nivel de incongruencia entre lo que la gente siente y lo que muestra— conlleva costes reales para la persona y la organización. Cuando las personas sienten habitualmente el estrés de la actuación superficial, son más propensas a la depresión, la ansiedad, la disminución del rendimiento laboral y el agotamiento. Esto también afecta a los demás; por ejemplo, los líderes que actúan superficialmente en el trabajo son más propensos a abusar de sus empleados menospreciándolos e invadiendo su intimidad. Y el estrés laboral puede extenderse a la vida familiar. En un estudio sobre empleados de hotel que actuaban superficialmente en el trabajo («Sí, señor, estaré encantado de traerle un albornoz más esponjoso»), sus cónyuges eran más propensos a ver su trabajo como una fuente de conflictos y a desear que sus parejas encontraran otro trabajo con la esperanza de que su relación fuera menos tensa.[1]

Hay contextos comunes en los que se produce la actuación superficial, entre los que destacan:

- Desajuste entre tu personalidad (por ejemplo, nivel de introversión o extroversión) y lo que se espera de ti en tu puesto.

- Una falta de alineación de valores cuando lo que te piden que hagas no coincide con tus creencias.

- Una cultura del lugar de trabajo en la que se aprueban o no determinadas formas de expresar las emociones (lo que los psicólogos denominan *normas de exhibición*).

Lo ideal, por supuesto, sería trabajar en un puesto en el que te sintieras tan bien que tus acciones y sentimientos estuvieran siempre en perfecta armonía, eliminando la necesidad de ser agotadoramente inauténtico todo el día. En la vida real, sin embargo, el objetivo de mantener al mínimo la actuación superficial y, en su lugar, dedicarse a una actuación profunda, en la que el papel esté en consonancia con lo que realmente eres, es más alcanzable. Suponiendo que encuentres sentido al trabajo que haces y no sientas que estás en el campo equivocado, aquí tienes algunas formas de reducir tu trabajo emocional y sentirte mejor sobre cómo pasas tus días.

Recuérdate a ti mismo por qué estás en el trabajo

Conectar con tu propósito más amplio te ayudará a sentirte más unido a tu trabajo. Por ejemplo, quizás estés aprendiendo habilidades que son fundamentales para tu carrera en general o ahora mismo estés en un trabajo aburrido pero estable porque necesitas dinero para mantener a tu familia.

Explora el pensamiento del «querer»

Es fácil caer en la mentalidad de que el trabajo es algo que «hay que hacer», y la mayoría de nosotros no disponemos de recursos económicos para que sea opcional. Pero permitirte apreciar los aspectos de tu trabajo que te estimulan —puede que sea una lluvia de ideas con los compañeros o hacer que los sistemas sean más eficientes— eleva tu trabajo a algo que eliges hacer, en lugar de algo que se te exige. Para que quede claro, no estoy sugiriendo que «solo pienses en positivo» o que intentes racionalizar tus preocupaciones reales, pero sí que seas más consciente de las sutiles trampas del lenguaje en las que las tareas laborales, incluso las que te pueden gustar, se presentan como tareas. Si no puedes encontrar un verdadero «quiero» en componentes clave de tu trabajo, puede ser una señal de que necesitas un cambio.

Haz algo de trabajo

Piensa si puedes colaborar con tu jefe para modificar tu trabajo de modo que se ajuste más a lo que tú valoras. Por ejemplo, cuando visitas distintas oficinas de tu empresa, si te estimula la gente nueva que conoces y sus formas únicas de hacer las cosas, quizá puedas proponer un proyecto que implique más visitas de este tipo. El objetivo es hacer tu trabajo más interesante para que requiera menos trabajo emocional.

Cuando solemos pensar en el estrés en el trabajo, nos centramos en las presiones de tiempo, la sobrecarga de información y el cambio como causas; sin embargo, la labor emocional que inviertes en tu trabajo puede ser una fuente importante de demanda, y merece la pena tenerla en cuenta y gestionarla.

Resumen rápido

Todos hemos experimentado en algún momento el trabajo emocional en el trabajo, el esfuerzo que supone mantener una cara profesional cuando lo que estás haciendo no se corresponde con cómo te sientes. Aquí tienes algunas medidas que puedes tomar para reducir tu trabajo emocional y sentirte mejor con la forma en que pasas tus días:

- Recuérdate a ti mismo por qué estás en el trabajo, que estás conectando con un propósito más amplio.

- Deja de pensar en el trabajo como algo que «tienes que» hacer y replantéalo como algo que «quieres» hacer.

- Utiliza el *job crafting* para ajustar tu trabajo de modo que esté más alineado con tus valores.

Para saber más de Susan David sobre las emociones en el trabajo, escucha este pódcast:

9

¿Alguna vez te has cuestionado?

Cinco consejos para combatir el síndrome del impostor

por Tucci Ivowi

Una vez me encontraba en un gran auditorio lleno de profesionales del marketing y las ventas reunidos para asistir a un programa de formación sobre los fundamentos del negocio del café. Yo era director de marca en una empresa a la que acababa de incorporarme. Durante la formación, alguien preguntó: «¿Cuál es la diferencia entre el café soluble y el café tostado y molido?».

Era una pregunta sencilla. Conocía la respuesta, pero aun así me abstuve de levantar la mano. ¿Y si era un truco? ¿Y si me equivocaba? ¿Y si acababa haciendo el ridículo?

Era mi primer día de trabajo. *Probablemente sea mejor que responda alguien con más experiencia*, pensé para mis adentros. No dije nada y otra persona aprovechó la oportunidad para hablar.

Resulta que tenía la respuesta correcta.

No fue una situación aislada. A lo largo de mi carrera he dudado muchas veces de mis capacidades. Ya sabes lo que se siente: esa molesta voz en el fondo de la mente que te nubla la mente con dudas e inseguridades.

El síndrome del impostor.

Finalmente me dije a mí mismo: «Conoces las respuestas. Eres inteligente. Tienes que decir algo». Me di cuenta de que, aunque mi respuesta fuera incorrecta, aprendería algo nuevo. El beneficio de hablar era mayor que el coste emocional de mi silencio. Me fijé en las pruebas y me di cuenta de que nadie en mi organización había sido penalizado por equivocarse. De hecho, habían sido recompensados por su participación.

Después de eso, me propuse contribuir. Empecé a compartir mi punto de vista, tanto si difería del de la mayoría como si no. La gente empezó a darse cuenta y decía que tenía «potencial de liderazgo».

Años más tarde entré a formar parte del equipo directivo de una multinacional. Trabajaba desde Ghana y dirigía una unidad de negocio para la región de África Central y Occidental. A los treinta y seis años, era la más joven y la primera mujer africana que ocupaba ese puesto. También era la primera mujer en un equipo compuesto exclusivamente por hombres. A pesar de lo emocionante que fue, al asumir mi nuevo cargo muchos empleados —tanto hombres como mujeres— se fijaron en mí como fuente de inspiración por lo que había conseguido y por las dificultades que había superado.

Yo ya estaba nerviosa por asumir un cargo de mayor responsabilidad, pero esos sentimientos se vieron agravados por otra verdad: estaba representando a un grupo de personas cuyas propias carreras podrían verse favorecidas o perjudicadas por mi éxito o fracaso.

Mi síndrome del impostor volvió a aparecer. Me preguntaba: «¿Soy la persona adecuada para este trabajo?». Así que me recordé a mí misma que estaba allí porque era capaz. Tenía que seguir haciendo lo que había hecho durante toda mi carrera: centrarme en el trabajo, dar el 100 % y obtener resultados. Nada más y nada menos.

Si has sido ascendido recientemente o has encontrado el trabajo de tus sueños, pero te sientes superado por el síndrome del impostor, te comprendo. Probablemente te ronden por la cabeza un sinfín de preguntas:

- ¿Cómo he llegado hasta aquí?

- ¿Soy lo suficientemente bueno para hacer esto?

- ¿Puedo asumir estas responsabilidades?

- ¿Haré el ridículo?

- ¿Pensarán mis antiguos colegas que no merezco el ascenso?

Basándome en mi propia experiencia, aquí tienes cinco consejos que pueden ayudarte a reducir tu autocrítica y a crecer en tu carrera sin dejar de ser fiel a ti mismo.

Reconoce que es normal sentirse nervioso

El síndrome del impostor es especialmente frecuente cuando eres nuevo o estás en minoría entre un grupo de personas cuyo aspecto, comportamiento o experiencias difieren de los tuyos. Es normal sentirse incómodo. Recuerda que no estarás siempre en minoría entre los recién llegados, ya que, en un momento u otro, alguien más será contratado o ascendido y se unirá a las filas. Y, de repente, serás uno de los veteranos y parte de tu papel consistirá en ayudar a la nueva persona a asentarse.

Mientras tanto, un cierto nivel de nerviosismo y duda es bueno. Contrarresta la autocomplacencia y procura trabajar más duro. Cuando cambio de perspectiva de este modo, me ayuda a salir de mi mente y mirar hacia delante. Reconocer tus sentimientos, pero también entender que son comunes, tiene una forma de calmar tus sentidos reduciendo la angustia y recordándote que debes centrarte en tu objetivo.

No tengas miedo a fracasar

He aquí una cosa que he aprendido: las mejores personas pueden fracasar y las personas más improbables pueden triunfar. Los improbables son los que se caen, se levantan y lo intentan una y otra vez hasta que por fin alcanzan su objetivo.

Deja a un lado el miedo y concentra tu energía nerviosa en aprender y aportar valor a tu nuevo puesto. Tómatelo con calma. Cuando detectes un punto débil, asúmelo, considéralo una oportunidad para crecer. Así es como los mejores líderes ganan confianza.

Siempre me he tomado en serio el crecimiento personal, pero rara vez espero a que mi organización me envíe a talleres o programas de formación. La mayoría de las veces, las mejores lecciones se aprenden en casa o el trabajo.

Leo mucho sobre mis áreas de negocio y dedico tiempo a estudiar casos prácticos relacionados con mi trabajo. Si crees que no tienes suficiente información sobre tu sector, lee. Si necesitas mejorar en un área concreta, pregúntale a tu jefe si estaría dispuesto a invertir en enviarte a un curso. Si quieres mejorar tus habilidades de presentación o comunicación, practica primero delante de familiares que puedan darte un *feedback* sincero pero cariñoso, y luego delante de colegas que puedan darte consejos más técnicos.

Dicho esto, si dispones de los recursos necesarios, reservar tiempo para invertir en el desarrollo de la carrera profesional —tanto dentro como fuera del trabajo— puede ser increíblemente valioso para salir adelante y superar las dificultades.

Hacer este trabajo aumentará tu confianza, pero no esperes a ser perfecto para ponerlo en práctica. Para aprender de verdad hay que probar y, a veces, fracasar. Aunque suene irónico, el fracaso es una forma de perfeccionar el oficio: aprendes todo lo que puede salir mal y encuentras soluciones para hacerlo mejor la próxima vez.

Sé sincero contigo mismo y con los demás

Una gran parte del síndrome del impostor es sentir que no encajas. Pero, si tienes claro quién eres y lo que representas, es menos probable que intentes encajar en un molde que no fue diseñado para ti. Solo cuando seas capaz de identificarte contigo mismo podrás forjar tu propio camino y convertirte en el tipo de líder que los demás quieren seguir. No ser sincero con uno mismo es un rasgo que te hará perder seguidores y respeto.

Reflexiona sobre lo que te motiva, lo que te hace sentir cómodo o incómodo y los valores que defiendes. Por ejemplo, puede que te des cuenta de que normalmente eres reservado y apagado en reuniones multitudinarias, pero te sientes más cómodo expresando tus opiniones en grupos más reducidos. Piensa en cómo puedes seguir contribuyendo en entornos más grandes sin sentirte intimidado. O empieza poco a poco: practica cómo ser auténtico en entornos de bajo riesgo hasta que te sientas más seguro, y entonces te saldrá de forma natural.

Recuerda: tú no tienes que tener todas las respuestas

Es difícil encontrar a alguien que sepa hacer de todo. Si te han ascendido, significa que alguien en una posición de poder reconoce que tienes ciertas habilidades, y que esas habilidades son importantes para tener éxito en el puesto que están intentando ocupar. Como todo el mundo, eres mejor en unas cosas que en otras. Tienes puntos fuertes y débiles. Es útil ser consciente de tus puntos débiles para poder mejorar y crecer. Pero también debes aprovechar tus puntos fuertes, pues esos son los que te han llevado hasta donde estás.

Por ejemplo, si tienes don de gentes, utiliza esa habilidad para aumentar tu influencia en tu nuevo equipo. Si tienes grandes dotes para la gestión de proyectos, ofrécete voluntario para facilitar reuniones. Y, en esas reuniones, contribuye en los temas en los que eres experto. Recuerda que estás en la sala por tu experiencia única, igual que los demás están en ella por lo que ofrecen. Tu objetivo es trabajar juntos como grupo para alcanzar las misiones u objetivos de tu organización. Eso no puede hacerlo una sola persona. Nadie tiene todas las respuestas.

Encuentra un aliado

Si sigues sintiéndote como un impostor después de poner en práctica estos consejos, busca un aliado o un grupo de aliados que sean tu sistema de apoyo. Mis aliados siempre han sido los compañeros *coach*: relaciones orgánicas y de confianza mutua con compañeros de los que me siento cómodo recibiendo sus comentarios porque confío en que se preocupan por mis intereses. Algunas organizaciones tienen un programa de mentores que pone en contacto a las personas entre sí. Si tu organización no lo tiene, hay otras formas de establecer estas relaciones.

Pídeselo a alguien a quien respetes y con quien te lleves bien, y es de esperar que acepte. Puede ser una simple pregunta: «Te agradezco mucho tus ideas. Como acabo de empezar, sería estupendo poder contar con tu orientación y que me dijeras cómo crees que lo estoy haciendo en este puesto. ¿Podrías ser mi mentor? Estaré encantado de corresponderte si eso también te ayuda».

La ventaja de contar con un compañero *coach* en tu empresa es que te ven de primera mano en el trabajo todos los días. Observan tus comportamientos, son testigos de tus contribuciones y pueden darte un *feedback* imparcial e independiente. Pueden señalar tus puntos fuertes (lo que, de nuevo, hará maravillas para aumentar tu confianza) y aconsejarte sobre las áreas de mejora.

Por ejemplo, una de las cosas que más me molestan es la gente que habla en las reuniones solo para que se les escuche, aunque no tengan nada nuevo que aportar. Suelo añadir mi voz a la conversación solo si creo que tengo algo más que decir. Mi tutor observó este comportamiento y me dijo que hablara más en las reuniones porque el grupo consideraba que mis aportaciones eran convincentes. Me recordó que, cuando ofrezco mi voz, puedo influir en las decisiones.

Sus palabras me han ayudado a pasar de ser una persona que no se sentía cómoda haciendo o respondiendo preguntas en las reuniones a alguien que acude a la sala con soluciones a los problemas.

Todo el mundo necesita apoyo, incluso los líderes, ya que son lo bastante listos para saber que no pueden hacerlo solos. Así que no tengas miedo de pedir ayuda.

• • •

Un cierto nivel de duda en uno mismo es bueno porque nos empuja a esforzarnos más, pero haz tuyos tus puntos fuertes para que veas lo que ven los demás: que no eres un impostor. Te han contratado o ascendido por una razón, no simplemente por la bondad del corazón de alguien. Estás ahí porque has demostrado lo que puedes hacer. Estás ahí porque eres un activo.

Resumen rápido

Algunas dudas sobre uno mismo pueden ser buenas, ya que pueden empujarte a esforzarte más, pero, cuando se manifiesta como el síndrome del impostor, puede ser contraproducente. Si te han ascendido recientemente o has encontrado el trabajo de tus sueños pero te sientes como un fraude, los siguientes consejos pueden ayudarte:

- Reconoce que es normal sentirse nervioso.

- Concentra tu energía nerviosa en aprender y aportar valor a tu nuevo puesto.

- Sé sincero contigo mismo y con los demás sobre quién eres y qué defiendes.

- Aprovecha tus puntos fuertes.

- Encuentra un aliado o un grupo de aliados que sean tu sistema de apoyo.

Para saber más sobre el síndrome del impostor, mira este vídeo:

10

Tu trabajo y tu identidad son dos cosas distintas
No confundas tu papel con tu autoestima

por Tim O'Brien

Jake tiene tres años y está cansado. Quiere que lo tomen en brazos. «No pasa nada, cariño», canta su madre, Kate, mientras se agacha para tomarlo. A mitad de camino, Jake se retuerce, echa la cabeza hacia atrás y le da un rodillazo en el estómago. Kate sabe que no debe tomarse esta crisis como algo personal. La mayoría de los días sabe que a mamá a veces le dan patadas; es parte del trabajo.

Pero cuando Kate recibe una patada en el trabajo —cuando se critica su informe en una reunión, por ejemplo—, sí se lo toma como algo personal. Le resulta más difícil recordar la diferencia entre «Kate» y el papel que desempeña como «analista sénior». Y, cuando te tomas las patadas profesionales como algo personal, comprometes tu capacidad para recuperarte y ver el panorama general. No eres capaz de interpretar las patadas como síntomas de una dinámica o un reto organizativo mayor.

Su función formal en la organización es un ancla importante: te asienta en tu tarea y te ayuda a saber cómo relacionarte con los demás y con la organización. Pero, cuando aportas la mayor parte de ti mismo a tu trabajo —tu experiencia, formación, habilidades, conocimientos, esfuerzo, manías y pasiones—, sientes que eres algo más que tu función. Esto es especialmente cierto cuando se está siempre activo y nunca se abandona del todo el trabajo. Puedes olvidar rápidamente que estás desempeñando un papel para cumplir una tarea en nombre del propósito de una organización o un grupo. No puedes reflexionar desapasionadamente sobre los retos organizativos, viendo tu trabajo y tu función como una pieza de un rompecabezas mayor. En lugar de mantener una visión a vista de pájaro del sistema en el que te encuentras, te sitúas en el centro de lo que parece «tu» problema en un drama laboral. Y esto debilita tu juicio y hace aún más probable que te tomes las críticas y las decisiones como algo personal. Pero el patrón empeora cuando confundes tu papel con tu autoestima, pensando que solo eres tan valioso y útil como el puesto que ocupas formalmente. (¿No estás seguro de si tu identidad está demasiado ligada al trabajo? Consulta el cuadro de texto «¿Estás demasiado implicado emocionalmente en tu trabajo?»).

Es fundamental que aprendamos a distinguir y diferenciar los *papeles* de nuestro *yo*. Nos metemos en problemas cuando nos perdemos en nuestro trabajo en lugar de pensar con distancia en cómo lo ven los demás. Puede ser muy gratificante volcar toda nuestra educación, formación, talento y pasión en nuestro trabajo, pero olvidamos que los demás en nuestras organizaciones están reaccionando al papel que representamos en *sus* vidas laborales, no necesariamente a las personas interesantes y reflexivas que pensa-

¿Estás demasiado implicado emocionalmente en tu trabajo?

por Melody Wilding

¿Cómo puedes saber si estás demasiado implicado emocionalmente tu trabajo? Busca estas señales de que es hora de retirarse.

Te tomas las críticas como algo personal. Cuando alguien critica tu trabajo, puedes sentirlo como una confirmación de tus peores miedos: que no eres lo suficientemente bueno. Antes de sacar conclusiones precipitadas, separa las críticas a tu trabajo como producto de las que te hacen a ti como persona.

El trabajo te sigue a casa. Puede que trabajes más para sentirte bien contigo mismo o tengas que luchar para desconectar al final del día. No demuestras tu dedicación al estar siempre activo, más bien estás socavando tu éxito.

Eres complaciente con la gente. Tienes tendencia a colocar las necesidades de los demás por encima de las tuyas, ya sea arreglando situaciones o cambiando tus opiniones en un intento de mantener la paz. No estás ayudando si es a costa de tu salud mental y de la calidad de tus relaciones.

Tu identidad es tu trabajo. Si no tienes un concepto de ti mismo más allá de lo que haces para ganarte la vida, es señal de que estás en un lugar precario. Un poco de distancia psicológica de tu trabajo puede ayudarte a mejorar tu bienestar.

mos que somos. Aquí compartiré algunas de las ideas que he recogido en mis cursos de la Harvard Kennedy School, donde intento ayudar a los estudiantes a desvincularse de sus papeles para que puedan ser mejores líderes y marcar las diferencias que desean.

El papel que desempeñas pertenece a tu organización, institución, grupo o familia. Los demás tienen expectativas sobre ti en ese puesto, y esas expectativas pueden ser razonables (que realices bien tus tareas) o poco razonables (que hables en nombre de todas las mujeres, representes a su grupo minoritario o seas siempre la persona que levanta el acta de las reuniones). Cumplir esas expectativas formales y gestionar las informales resulta esencial para conservar el puesto. Tu trabajo también puede conllevar expectativas contradictorias de distintos responsables, como tu jefe o tus clientes, sin olvidar las múltiples funciones que desempeñas en un momento dado, cada una con su propio conjunto de responsabilidades. Equilibrar todo esto es un proceso dinámico que debe gestionarse activamente. Lo más probable es que, cuando pierdas la perspectiva de tus distintas funciones, estés malinterpretando la dinámica de la organización.

Kate, una de las personas a las que he asesorado, compartió dos casos en los que perdió de vista la diferencia entre su papel y su yo; errores que la dejaron tocada. El problema era que Kate se identificaba demasiado con su papel y, cuando los demás tenían problemas para tratar con ella en su papel formal, se tomaba sus respuestas como algo demasiado personal.

Piensa en esto: como analista, Kate trabajaba duramente para organizar complejos datos de ventas de forma que sus compañeros pudieran entenderlos rápidamente. Para hacer bien su trabajo, los analistas a veces tienen que compartir información desagradable; es inevitable decepcionar a los compañeros. Cuando a los compañeros de Kate no les gustaban sus hallazgos, solían replicar y cuestionar su metodología. Su resistencia hacía que Kate se sintiera enfadada e insegura.

Necesitaba recordarse a sí misma que el rechazo de sus colegas tenía todo que ver con su *papel*, y nada que ver con ella personalmente. Cuando los equipos se enfrentaban a sus malos resultados, se sentían avergonzados, se ponían a la defensiva y culpaban a la analista y a su trabajo. Los comentarios que hacían a Kate decían más de ellos que de ella, pero a ella le resultaba difícil verlo cuando no podía diferenciarse de su papel.

Cuando Kate fue ascendida a directora y sus compañeros se convirtieron en sus subordinados directos, sus interacciones sociales en el trabajo cambiaron radicalmente. Se quedó fuera de una invitación a la *happy hour* del equipo y compañeros que solían ser amistosos se volvieron reservados. Estas dinámicas cambiantes son un recordatorio de que la gente se relaciona contigo por el papel que tienes en sus vidas. Cuando el puesto de Kate cambió, el papel que ella desempeñaba en la vida laboral de sus compañeros también cambió y ellos tuvieron dificultades para relacionarse con Kate, la directora. Y la propia Kate tuvo problemas al tomarse estos cambios de relación como algo personal, resentida con sus compañeros por reaccionar principalmente a su papel y no mantener sus relaciones cálidas y sinceras.

Kate no sabía cómo ser jefa y amiga al mismo tiempo. Al principio se reafirmó en su papel de amiga, insistiendo ante sus colegas en que nada había cambiado. Pero, a medida que fue comprendiendo los retos de la gestión, le resultó más difícil quedarse de brazos cruzados mientras su equipo se quejaba de sus jefes. Por mucho que quisiera formar parte del grupo, la relación era diferente. Su papel de directora significaba que el equipo necesitaba que ella les guiara. De nuevo, Kate se sintió pateada y magullada mientras ella y sus compañeros luchaban por saber cómo relacionarse entre sí.

Una vez que Kate asumió las responsabilidades del papel y la inevitable dinámica de autoridad que conlleva, fue capaz (tras reflexionar mucho) de trazar la línea divisoria entre ese papel y su yo. Identificarse *menos* con su papel le permitió vivirlo *de forma más* plena y feliz. Alcanzó un nivel de resiliencia que le permitió rendir bien en el trabajo y mantener un sano sentido de sí misma.

Resumen rápido

Cuando no puedes distinguir entre tu papel y tu persona, puedes tomarte los contratiempos del trabajo como algo personal, lo cual puede comprometer tu capacidad para recuperarte y ver el panorama general. Ten en cuenta estos consejos:

- Cuando recibas comentarios negativos en el trabajo, recuerda que se trata de tu trabajo, no de ti.

- Asume las responsabilidades de tu función y la dinámica que conlleva, lo que puede ayudarte a trazar mejor la línea entre tu función y tu yo.

- Identificarte *menos* con tu papel puede aumentar tu resiliencia y ayudarte a rendir bien en el trabajo manteniendo un sano sentido de ti mismo.

11

Así que lloraste en el trabajo...
Recupérate con gracia

por Melody Wilding

≪ ¿Estás bien?», me preguntó una desconocida mientras me tocaba el hombro en la puerta de la oficina de mi empresa en Manhattan. La miré con las mejillas húmedas y enrojecidas, y me enjugué las lágrimas.

Minutos antes, estaba en una reunión de equipo cuando mi jefe hizo un comentario despectivo, minimizando mi trayectoria profesional y mi formación. Su comentario me destrozó, fue la gota que colmó el vaso de mi ya abrumadora carga de trabajo. Aunque quise replicar y hacerme valer en la reunión, se me quebró la voz y se me hizo un nudo en la garganta. Luchando contra las lágrimas, solo pude murmurar un «disculpad» mientras salía corriendo por la puerta y desaparecía de la vista de mis compañeros.

En aquel momento sentí un profundo remordimiento y vergüenza por mi reacción. Lo que no sabía es que formaba parte del 45 % de los profesionales que han llorado en el trabajo.[1] También

93

me encuentro entre el 20 % de las personas altamente sensibles, lo que significa que lo pienso y siento todo profundamente. Décadas de investigación demuestran que la sensibilidad no es una debilidad del carácter,[2] sino que más bien se asocia a un mayor procesamiento en áreas cerebrales relacionadas con la emoción, la autoconciencia y la intensidad de las experiencias.

Quizá también hayas derramado alguna lágrima en la oficina, tal vez cuando tu evaluación de rendimiento no salió según lo previsto o cuando recibiste malas noticias sobre un amigo o familiar. Aunque solemos asociar el llanto con la pérdida y el dolor, también puede ser una reacción al enfado. Muchas personas lloran cuando se sienten frustradas, ansiosas o profundamente apasionadas e implicadas en su trabajo.

En el último año, muchos de mis clientes de *coaching* me han preguntado cómo recuperarse del llanto en el trabajo. No es de extrañar, porque los trabajadores están sometidos a un mayor estrés y se enfrentan a tasas récord de agotamiento. Como resultado, las emociones —y la probabilidad de que surjan las lágrimas— se disparan, incluso cuando los equipos están bien repartidos. La nueva versión de llorar en el baño ha pasado a ser apagar la cámara para recuperar la compostura.

Si alguna vez has llorado en el trabajo, sabrás que puede resultar embarazoso. Te puede preocupar lo que piensen de ti tus compañeros o que tu arrebato ponga en peligro tu prestigio profesional (sobre todo si eres mujer). ¿Qué puedes hacer para minimizar el impacto del llanto en el trabajo y asegurarte de que no perjudica a tu reputación? A continuación te explico cómo recuperarte con fuerza y profesionalidad.

Reformula el impacto

Llorar en el trabajo no supone el fin de la carrera profesional. Los estudios demuestran que los demás suelen ser más empáticos de lo que imaginas. Una encuesta realizada a más de dos mil altos ejecutivos reveló que el 44 % de los directivos de alto nivel creen que llorar de vez en cuando está bien, y otro 30 % considera que no tiene ningún efecto negativo en la percepción que se tiene de ti en el trabajo.[3]

Teniendo en cuenta estos datos, muéstrate compasivo y abstente de la autocrítica dura y los juicios, que solo empeorarán tu dolor. En lugar de eso, asegúrate de que un momento no te define y que las dificultades forman parte de la vida. Recuérdate a ti mismo que las emociones no solo son normales y esperables en el lugar de trabajo, sino que, cuando se aprovechan correctamente, pueden convertirse en un superpoder. Aunque llorar en el trabajo no haya sido tu momento de mayor orgullo, tus emociones tienen su reverso: sirven como fuente positiva para tomar mejores decisiones y empatizar con los demás.

Date espacio

No darás lo mejor de ti si estás secuestrado emocionalmente. Así que, cuando sientas que vas a romperte, pide una pausa en la conversación y tómate cinco minutos para serenarte. Por ejemplo, sal de la habitación o apaga la cámara. Un rápido cambio de escenario y unas cuantas respiraciones profundas hacen maravillas para disipar rápidamente las reacciones emocionales exacerbadas.

Los estudios demuestran que los líderes que modifican la situación, lo que implica cambiar el entorno externo para reducir el impacto de las emociones, son los que mejor regulan sus reacciones.[4] Reconocer la necesidad de espacio y solicitarlo con diplomacia es señal de autogestión e inteligencia emocional, dos cualidades de liderazgo indispensables que representan el 90 % de lo que distingue a las personas de alto rendimiento.[5]

Abordar el llanto con valentía

Tu primer instinto puede ser disculparte por ser «demasiado emocional» o por incomodar a los demás. Evítalo, ya que te coloca en una posición de desventaja. No solo estás haciendo interpretaciones potencialmente falsas, sino que también te estás infravalorando a ti mismo. Evita reprimir tus emociones y fingir que no están ahí. Como suelo decir, aquello a lo que te resistes persiste: cuanto más tiempo intentas luchar contra una emoción, más poderosa se vuelve.

En lugar de eso, responde desde la fortaleza. Reconoce tu reacción en lugar de intentar ocultarla. Puedes decir algo así: «Como puedes ver, estoy muy implicado en el éxito de este proyecto, por eso estoy teniendo una reacción emocional». Los empleados que atribuyen sus lágrimas a la pasión son considerados más competentes y promocionables.[6]

Céntrate en el seguimiento

El *efecto de recencia* sugiere que nuestro comportamiento más reciente se recuerda mejor. Así que, si quieres conservar o recuperar tu reputación después de haber llorado en el trabajo, concéntrate en crear una impresión positiva en tu siguiente interacción. Enfoca tu respuesta hacia la solución y el futuro. Por ejemplo, podrías decir algo como:

- «Valoro mucho nuestra relación de trabajo y quiero que el proyecto tenga éxito. ¿Cuándo podemos volver a reunirnos y llegar a un acuerdo sobre cómo avanzar?».

- «Gracias por tus comentarios de hoy. Aprecio todo lo que has compartido y estoy trabajando en medidas de acción para poner en práctica lo que hemos discutido».

- «Hoy he tenido una reacción muy fuerte porque estoy abrumado por el cambio de prioridades en la empresa. Me gustaría revisar mi carga de trabajo contigo y determinar qué se puede delegar o eliminar por el momento».

Del mismo modo, realiza un esfuerzo adicional en tu próxima entrega. Si vas más allá de lo esperado, demostrarás que eres resistente, capaz y comprometido.

Ten un plan para la próxima vez

Llorar suele ser el resultado de que te pillen desprevenido y no sepas cómo procesar tus sentimientos en el momento. Esto es especialmente cierto si eres una persona muy sensible, así que ármate de estrategias para canalizar tus emociones antes de que se apoderen de ti.

Puedes acceder a la calma sin derramar una lágrima controlando tu respiración. Antes, después o durante un encuentro estresante, puedes probar la respiración en caja, un método utilizado por los Navy SEAL,* o ten cerca un vaso de agua helada. Bebe cuando sientas que se te saltan las lágrimas para bajar la temperatura corporal (y tu respuesta de miedo) y deshacerte del nudo en la parte posterior de la garganta, llamado glotis. También puedes depositar tu angustia en un objeto pequeño que lleves en la mano, como una pelota antiestrés, un medallón o un bolígrafo.

Busca más ayuda si la necesitas

Llorar de vez en cuando en el trabajo no es anormal, pero, si lloras a menudo en la oficina, sería aconsejable que buscaras la ayuda de un terapeuta. Involucra a las partes apropiadas si tus lágrimas son el resultado de acoso u otros malos tratos. Tómate tu tiempo para evaluar si estás en un entorno laboral que apoye tu crecimiento y bienestar mental.

Recuerda que es humano tener emociones. Lo que te convierte en un gran líder es cómo decides responder y comunicarte cuando surgen esas reacciones emocionales. Si te haces cargo de tus sentimientos y reacciones, transmitirás una fuerza y una confianza que los demás respetarán.

---

* Se refiere a los equipos de tierra, mar y aire de la Armada de los Estados Unidos (*N. del E.*).

Resumen rápido

Llorar en el trabajo puede resultar embarazoso. Te puede preocupar lo que piensen de ti tus compañeros o que tu arrebato ponga en peligro tu prestigio profesional. A continuación te explico cómo minimizar el impacto del llanto en el trabajo y recuperarte con fuerza y profesionalidad:

- Reformula el impacto y extiende tu autocompasión.

- Tómate tu tiempo para serenarte.

- Reconoce tu reacción, en lugar de ocultarla.

- Crea una impresión positiva en su próxima interacción.

- Ten un plan para la próxima vez.

- Busca más ayuda si la necesitas.

How much emotion is too much emotion at work?
('¿Cuánta emoción es demasiada emoción en el trabajo?')
Escucha este pódcast para saber más al respecto:

SECCIÓN 4

Cuando la identidad y el trabajo chocan

12

Cuando no te sientes cómodo siendo tú mismo en el trabajo
Puede que haya más margen para expresarse de lo que crees

por Dorie Clark

A veces, las culturas corporativas en las que nos encontramos no encajan con nuestras personalidades. En ocasiones esto puede generar fricciones creativas saludables, y en otras crea una dolorosa presión para conformarnos. Esa era la situación a la que se enfrentaba una de mis alumnas del Executive MBA. «Tengo un problema en el trabajo —me dijo—. Sigo recibiendo comentarios de que soy distante, y creo que ello está perjudicando mi carrera». La razón por la que recibía esa respuesta, admitió, es *porque* actuaba de forma distante. «No sé cómo ser yo misma en el trabajo», me dijo.

Muchos de nosotros nos enfrentamos a problemas similares. En su caso, era una devota de espíritu libre del Burning Man* que se encontró trabajando para una empresa abotargada. La presión también va en sentido contrario: en un episodio del pódcast *Startup*, un empleado de Gimlet Media admitió que se sentía fuera de lugar como feligrés habitual entre sus colegas liberales y laicos de Brooklyn.

En algunos casos, vale la pena guardarse las opiniones; probablemente sea mejor no entablar una conversación sobre las elecciones presidenciales con un compañero de trabajo que sabes que es tu opuesto ideológico. Pero, cuando se trata de tu identidad fundamental —y no de tus opiniones—, ocultar o restar importancia a las cosas puede ser perjudicial para tu carrera a largo plazo. Como demuestran los estudios de Sylvia Ann Hewlett y Karen Sumberg, los trabajadores LGBTQ+ que han salido del armario tienen más éxito que los que no lo han hecho, probablemente porque no tienen el estrés añadido de tener que gestionar su identidad además del trabajo que se espera que realicen.[1] Y los estudios de Deloitte demuestran que ocultar o restar importancia a las diferencias en el trabajo también tiene consecuencias psicológicas perjudiciales.[2]

Entonces, ¿cómo saber cuándo es seguro ser uno mismo en el trabajo? Como consultor abiertamente gay que ha trabajado con más de cien clientes en la última década, desde empresas de la lista Fortune 500 hasta organismos gubernamentales y ONG internacionales, he identificado cuatro preguntas que es útil hacerse.

---

* Un evento centrado en la comunidad, el arte, la autoexpresión y la autosuficiencia que se celebra cada año en el oeste de Estados Unidos (*N. del E.*).

¿Qué pruebas tienes para creer que te penalizarán?

¿Has visto realmente a otros recibir un castigo profesional por ser ellos mismos? Podemos creer que sabemos cómo se recibiría una determinada acción o revelación, pero es importante recordar que, a menos que hayas visto pruebas directas, no son más que conjeturas. Ese supervisor canoso y machista puede ser en realidad un miembro de PFLAG (Padres, familias y amigos de lesbianas y gays) con un hermano gay. E incluso si has oído hablar de consecuencias negativas en el pasado, también es posible que las circunstancias hayan cambiado. Por ejemplo, ahora que el 46 % de los jóvenes de entre treinta y cuarenta y nueve años llevan tatuajes, es posible que los empresarios —aunque no les gusten personalmente— se hayan dado cuenta de que no pueden permitirse descartar a casi la mitad de sus candidatos.[3]

¿Qué es lo peor que podría pasar?

También es importante comprender las ramificaciones si decides mostrar tu auténtico yo en el trabajo. Para algunas categorías, las consecuencias son graves y deben evaluarse cuidadosamente. (Por ejemplo, el Tribunal Supremo de Estados Unidos ha dictaminado que las organizaciones religiosas tienen un amplio margen de maniobra en sus políticas de empleo y pueden despedir a empleados homosexuales).[4] Para otros, las implicaciones pueden asomar más en su imaginación. ¿Te despedirían si supieran que te gusta asistir al Burning Man? Probablemente no. ¿Les haría pensar que «no encajas culturalmente», frenando tu progreso profesional? Posiblemente, pero también tienes la oportunidad de demostrar de otras formas, como ser excelente en tu trabajo y entablar buenas relaciones con los compañeros, que realmente encajas con la cultura corporativa (siempre que sea una cultura en la *que te gustaría* permanecer).

¿Qué harías diferente si fueras tu verdadero yo?

«No puedo ser yo mismo» es un sentimiento doloroso, pero amorfo; sin embargo, resulta útil precisar los detalles, porque algunos elementos de la expresión personal pueden ser más fáciles de conseguir de lo que crees. Piensa en cómo te vestirías, hablarías y actuarías en el trabajo si fueras tú mismo. ¿Qué diferencia hay con tu comportamiento actual? Por ejemplo, es posible que tengas que seguir llevando traje para los eventos de trabajo, pero es probable que puedas mostrar tu talento creativo con calcetines de colores o corbatas originales.

También es muy posible que tus compañeros de trabajo respondan positivamente al ver más de tus intereses genuinos y tu personalidad. Como describo en mi libro *Reinvéntate*, el exvicepresidente Al Gore fue criticado en la prensa durante la carrera presidencial del año 2000 por la decisión de su campaña de posicionarlo como un cruzado populista en lugar de como él mismo. Se le tachó de falso e inauténtico, y, hasta que no retomó su pasión por la política medioambiental con el estreno en 2006 del documental sobre el calentamiento global *Una verdad incómoda* (*An Inconvenient Truth*), no volvió a dar la talla.

¿Hay alguna forma de realizar una prueba piloto?

Por último, si te parece arriesgado ser tú mismo en el trabajo, piensa en un pequeño experimento para tantear el terreno. Por ejemplo, si eres divertido por naturaleza, pero reprimes tu humor en el trabajo porque «eso no se hace» en tu empresa, prueba a soltar unos cuantos chistes (cuidadosamente elegidos) un día. A ver qué respuesta recibes. ¿Se han dado cuenta los demás? ¿Recibes algún comentario, positivo o negativo? Pide la opinión a un compañero de confianza.

Si la respuesta ha sido negativa, habrás obtenido información útil. Afortunadamente, es casi seguro que una pequeña prueba piloto no perjudicará tus perspectivas profesionales a largo plazo; siempre puedes volver a mostrar tu lado más serio. Pero, si la respuesta fue positiva o neutra (es decir, a nadie le importó realmente), entonces puedes continuar tu experimento durante una semana y seguir controlando las reacciones. Puede que, de hecho, inspires a los demás y aligeres a toda la oficina con tu comportamiento. Es posible que el comportamiento sombrío no fuera un requisito, sino simplemente un hábito que todos seguían al pie de la letra.

Como asesora independiente, me permito el lujo de decir a los clientes a quienes no les gusta mi «verdadero yo» que se busquen otro asesor. Pero a lo largo de mi carrera también he trabajado en bastantes empleos e industrias como para saber que, por desgracia, las circunstancias y las necesidades económicas a veces nos obligan a permanecer en un trabajo que requiere ocultar nuestro verdadero yo. Es una situación perjudicial que debería ser la excepción, y no la regla. Si crees que no puedes ser tú mismo en el trabajo, a veces puede que sea verdad. Pero es importante cuestionar nuestras suposiciones, porque podemos descubrir que hay más margen para expresarse de lo que habíamos imaginado.

Resumen rápido

A veces las culturas corporativas en las que nos encontramos no se ajustan a nuestra personalidad, lo que puede crear una dolorosa presión para conformarnos. ¿Cómo saber cuándo es seguro salirse del molde y ser uno mismo en el trabajo? Hazte cuatro preguntas:

- ¿Qué pruebas tienes para creer que te penalizarán por ser tú mismo?.

- ¿Qué es lo peor que podría pasar —las ramificaciones— si decides mostrar tu auténtico yo?

- ¿Qué harías exactamente de forma diferente si actuaras como tu verdadero yo?

- ¿Existe alguna forma de realizar una prueba piloto antes de lanzarse a ser auténtico?

13

Por qué el mito de la minoría modelo es tan perjudicial

No deberías tener que actuar para nadie

por Janice Omadeke

Con poco más de veinte años, me ascendieron a un alto cargo en una gran empresa conservadora. Como mujer negra, era consciente de la necesidad de pasar desapercibida y no irritar a nadie por miedo a que me consideraran «difícil» en un entorno en el que mi raza se consideraba un atributo clave para ganarme el puesto.

Corrían los primeros años de la década del 2000, cuando los mensajes de los medios de comunicación y la sociedad promovían abiertamente el concepto de poca conciliación de la vida laboral y familiar como una insignia de honor. Era importante mostrar una dedicación codependiente e inquebrantable a tu jefe siendo el último en salir de la oficina, sacrificando el tiempo con la familia y haciendo lo que fuera necesario para demostrar que te tomabas en serio tu trabajo.

Para la gente de color, esta presión incluía algo que nunca se decía en voz alta, pero que era una expectativa muy clara: asegúrate de que dejas en la puerta cualquier característica de una cultura estadounidense no blanca que poseas cuando vengas a trabajar. Esencialmente, ser una «minoría modelo» para que los líderes no tengan que ajustar sus comportamientos para crear un entorno inclusivo.

Términos dañinos como «difícil» o «desafiante» se esgrimían como espadas para asegurarse de que los profesionales infrarrepresentados entendieran que tenían una opción: encajar en la caja que les habían construido o buscar otro trabajo.

Durante este período de mi carrera solía pedir consejo a líderes no infrarrepresentados en puestos ejecutivos, preguntándoles cómo podía tener más éxito en sus equipos. Me decían que sonriera más, que me alisara el pelo, que me comprara un bolso de diseño y que llevara tacones altos. Y así lo hice. Me vestí con marcas consideradas profesionales, no llevé mi pelo natural al trabajo y no hice frente a los momentos de prejuicios extremos o racismo que me encontré. Mi deseo de complacer a la gente, al tiempo que reprimía mis instintos sobre lo que estaba bien y lo que estaba mal, así como mi yo genuino, me llevó al agotamiento y a la insatisfacción, y no fui la única que lo experimentó. (Para saber más sobre si debes cambiar de aspecto para conseguir un trabajo, consulta el cuadro de texto «¿Puedo lucir mi pelo natural?»).

A través de mi trabajo como CEO y fundadora de un *software* de tecnología de recursos humanos que aumenta la retención de empleados a través de la tutoría, he conocido a innumerables empleados de color que se han enfrentado a prejuicios similares en sus vidas, en sus escuelas y, sí, en sus carreras. La comunidad negra no es el único grupo afectado. Mi colega Minh Vu y yo nos pusimos en

¿Puedo llevar el pelo natural?

por Tina Opie

Estaba impartiendo un taller sobre la autenticidad en el lugar de trabajo, y una antigua alumna, Nadia, me preguntó: «Veo que llevas el pelo natural. ¿Te parece bien que yo lleve mi pelo natural al lugar de trabajo?».

La acompañé en su decisión. «¿Te gusta tu pelo natural». le pregunté. «Sí, me siento bien con él. Me hace sentir bien como mujer negra y latina. Eso es lo que me gustaría hacer», respondió. Estupendo. Establecimos que su pelo natural estaba ligado a su autenticidad e identidad.

Quería dedicarse a la abogacía, así que le dije: «Descríbeme el tipo de contexto o entorno en el que crees que vas a que te vas a encontrar en esa profesión». «Son muy conservadores y llevan trajes a medida», respondió Nadia. Describía a los hombres, pero enseguida nos dimos cuenta de que era muy similar para las mujeres.

Aquí viene la parte difícil. No hay una respuesta clara. Le dije a Nadia que tiene que sopesar las consecuencias: «Si tu pelo es auténtico para ti, y cambiarlo te hace sentir que te rindes, te vendes o te conformas hasta un punto que te hace sentir incómoda, entonces quizás no sea la mejor decisión. Pero entiende que, si entras en este contexto, puede significar que no consigas el trabajo.

»La alternativa es que te conformes con tu pelo, te lo alises, te deshagas de cualquier evidencia de tu africanidad o negritud. Puedes hacer eso, pero si eso va a hacerte sentir mal contigo misma, entonces tal vez esta empresa no es el mejor lugar para ti. No obstante, esto es un comentario muy importante, porque si tienes que pagar las facturas, puede ser que tengas que alisarte el pelo. Puede que solo tengas que cubrir un tatuaje o deshacerte de tus *piercings*».

Quiero llegar a un punto en el que todos podamos aportar cómo nos identificamos auténticamente en el mundo laboral, y donde nuestros colegas y compañeros lo acepten en lugar de intentar que nos conformemos.

contacto recientemente en torno a los efectos perjudiciales, aunque diferentes, que el mito de la minoría modelo ha tenido en nuestros mundos.

«Al crecer como gay asiático-americano en el armario en Texas, sentí la necesidad de equilibrar la presión social de ser una minoría modelo con la presión de estar a la altura de lo que significa ser un hombre, para sentirme seguro en este mundo —me dijo Minh—. Si eso significaba que tenía que ser silencioso, obediente y no amenazador, o ser el mejor de la clase y dedicarme a las matemáticas y las ciencias, entonces me esforzaba al máximo por cumplir esas expectativas, y eso se reflejaba también en mi comportamiento en la oficina. Me metí aun más en el armario y silencié mi verdad por miedo a desviarme de lo que mis compañeros querían que fuera».

Al igual que Minh, aprendí dolorosamente que la verdadera equidad requiere trabajo, y que la minoría modelo es un estereotipo peligroso que no nos ayudará a conseguirla.

Entender el mito de la minoría modelo

La noción de minoría modelo siempre ha existido. Acuñado por William Petersen, sociólogo de la Universidad de California, el término se ha utilizado a menudo para referirse a un grupo minoritario percibido como especialmente exitoso.[1]

En sectores grandes y conservadores, como el de las finanzas y la consultoría de gestión, históricamente ha existido la tendencia a promocionar a un pequeño porcentaje de profesionales de minorías modelo que la organización considera suficientes para una «representación equitativa» en sus equipos directivos.[2] Pero incluso ese grado de representación es exagerado en algunas empresas.

Los empleados negros representan solo el 7 % de los directivos en el sector privado estadounidense, según el informe *Race in the Workplace 2021* de McKinsey. Del mismo modo, un análisis de los datos nacionales de la EEOC (Comisión para la Igualdad de Oportunidad en el Empleo) reveló que los profesionales de cuello blanco asiático-americanos son el grupo con menos probabilidades de ascender de puestos de contribución individual a puestos directivos.[3] Todos estos datos se hacen eco de un estudio de *Forbes* que muestra que los líderes menos inclusivos tienen *ceguera de talento*, «lo que significa que son menos capaces de reconocer las fortalezas únicas de los empleados».[4]

¿Ves el problema?

Cuantos más equipos directivos exclusivamente blancos tengamos, más difícil será que los de arriba reconozcan que tienen un problema. Es posible que quienes ostentan el mayor poder ni siquiera sean conscientes de que están presionando a los miembros de su equipo para que sean minorías modelo.

Pero lo son. Las pocas personas de color que llegan a ocupar puestos directivos en estas organizaciones a menudo tienen que compensar en exceso para asegurarse de que no proyectan estereotipos negativos. Sobre sus hombros pesa una enorme presión para que se asimilen a fin de resultar más aceptables para los miembros blancos de su equipo, junto con el temor de que, si no lo hacen, les quiten la oportunidad.

Juntos, estos factores conducen a una mayor sensación de aislamiento en el trabajo y también alimentan el falso mito de que solo puede haber una persona de color con éxito en cualquier organización. Tanto para Minh como para mí, solo cuando decidimos cambiar de juego y liberarnos de la trampa de la minoría modelo, encontramos la felicidad profesional.

En mi caso, esto significó aprender a ser dueña de mis contribuciones en el trabajo y negarme a aceptar las llamadas para que los demás a mi alrededor se sintieran cómodos. En el caso de Minh, significó compartir toda su identidad en la oficina.

«Aunque es un viaje constante desaprender las formas en que [el mito de la minoría modelo] ha afectado a mi vida y mi trabajo —dijo Minh—, me recuerdo a mí mismo cómo se ha utilizado para silenciar a muchos de nosotros, incluidas otras comunidades étnicas. Ahora me siento fuerte al mostrarme orgulloso como vietnamita estadounidense de primera generación y homosexual, y tengo menos miedo de usar mi voz con valentía para ser visible y estar presente tanto en mi trabajo como en mi vida».

Basándome en nuestras experiencias, quiero compartir algunos consejos sobre cómo otras personas de color pueden superar también este mito dañino.

Encontrar el valor para ser visto con autenticidad

Antes de pasar a los consejos más prácticos, es importante entender cómo es la mano de obra hoy en día y los retos a los que te vas a enfrentar cuando te incorpores a ella.

Las empresas tradicionales, sobre todo en el sector financiero, todavía tienden a tener una mentalidad y unas políticas anticuadas en los ámbitos de la cultura, la equidad y la inclusión.[5] La inclusión consiste en asegurarse de que todos los empleados, independientemente de su procedencia, sientan que son miembros importantes y valiosos del equipo. Pero el sesgo tradicional no ha permitido que esto suceda, y ha llevado a una intersección de *millennials* y miembros de la generación Z entrando en una fuerza de trabajo que está dejando atrás a los profesionales de las minorías. En el sector de los servicios financieros, por ejemplo, más del 80 % de los empleados son blancos.[6]

Esto no solo es malo para el trabajador, sino también para la empresa. Los profesionales de color que se sienten capacitados en el trabajo tienen más probabilidades de hacer oír su voz auténtica e influir positivamente en la cultura. Cuando esto ocurre, las empresas mantienen su ventaja en el mercado. Cuantas más perspectivas diversas tenga una organización, más consumidores se verán afectados por sus productos.

Dicho esto, soy optimista y creo que las cosas están cambiando en lo que respecta a las actitudes culturales hacia las minorías. La pandemia no solo desencadenó una crisis de salud pública, sino también un trastorno tecnológico, social y cultural, como señala la investigación de Microsoft.[7] Ahora la gente reflexiona más sobre su propia identidad y cómo se muestra al mundo. La noción de minoría modelo siempre ha existido, pero los profesionales negros y asiático-americanos en particular están empezando a cuestionar el *statu quo* y a reconocer el impacto negativo que tiene en su bienestar y satisfacción profesional.

Si eres un joven profesional de color, ¿cómo puedes evitar la trampa de la minoría modelo y aportar todo tu coraje al trabajo al principio de tu carrera?

Busca empresas con un historial probado

Empieza pronto. Hay organizaciones en las que no tienes que comprometerte y en las que puedes encontrar oportunidades, aunque es posible que te cueste un poco más de trabajo al principio de tu búsqueda de empleo.

Cuando solicites un empleo, busca empresas que estén aumentando sus presupuestos para la diversidad y tengan un historial demostrado de promoción de profesionales infrarrepresentados, así como empresas que ocupen puestos destacados en los informes sobre índices de diversidad e inclusión. Examina sus equipos directivos para ver si hay una representación equitativa en múltiples intersecciones de identidad, lo que puede ser un indicador directo del compromiso de la empresa con la diversidad.

Consejos profesionales

- Puedes encontrar las credenciales de la mayoría de las empresas en sus páginas profesionales de LinkedIn. ¿Es una empresa reconocida por su diversidad, equidad e inclusión (DEI)? ¿Pueden apoyar tu potencial de crecimiento? ¿Hay otras personas de color en puestos directivos?

- Encuentra empresas en las que merezca la pena solicitar empleo buscando listas de organizaciones que destaquen por su diversidad e inclusión, o que estén consideradas como uno de los «mejores lugares para trabajar» (como las que se encuentran en la página web Great Place to Work).

Constrúyete una red de apoyo

Una vez que te hayas asentado en tu puesto, ponte en contacto con personas que puedan apoyarte en los momentos difíciles y ayudarte a desenvolverte en tu nuevo lugar de trabajo. Puede tratarse de un *coach* de liderazgo, un mentor o incluso compañeros que conozcas a través de un grupo de recursos para empleados (ERG). El objetivo es crearte una red de apoyo que pueda aconsejarte cuando te enfrentes a retos o prejuicios en la oficina, y que defienda las perspectivas únicas que puedes ofrecer.

Rodearte de aliados te dará el coraje necesario para mostrarte tal como eres y, a su vez, desarrollarás una relación más sana con tu trabajo. Esto es muy importante, porque quién eres en la oficina también va a influir en quién eres en tu vida personal. Si te avergüenzas de cómo te presentas en el trabajo, al final del día volverás a casa con esa vergüenza e influirá negativamente en tu salud mental. Lo digo por experiencia.

Consejos profesionales

- Si tu empresa no tiene programas internos de mentores o ERG, busca fuera de tu organización. Recursos como Plug son excelentes para encontrar mentores (tanto dentro como fuera de la empresa) que te ayuden a orientarte.

- Pregunta en tu red si alguien conoce algún grupo de apoyo al que puedas unirte, o busca contactos con líderes de tu empresa que hayan ejemplificado su compromiso con la diversidad y la inclusión. Puedes averiguarlo preguntando por ahí o viendo quién participa en las iniciativas de DEI.

Ten un plan para abordar los prejuicios

Aunque el trabajo de crear entornos inclusivos recae en última instancia en los equipos de dirección (no en ti personalmente), hay formas de prepararse para los peores escenarios para proteger tu salud física y emocional. Incluso después de dar los dos primeros pasos, es posible que sigas enfrentándote a prejuicios —intencionados o no— en tu trabajo.

Si lo aceptas desde el principio, te ahorrarás parte del dolor y la sorpresa que puedas sentir si se produce una situación de este tipo. También te das tiempo para prepararte.

Mi consejo es que elabores un guion sobre cómo responder a los comentarios tendenciosos o las suposiciones que te encuentres en el trabajo. Pensar en el tono, el lenguaje y el mensaje que quieres enviar te permitirá expresarte en el momento oportuno y aliviará la ansiedad que suele provocar la improvisación.

Por ejemplo, la próxima vez que te pidan que compartas tus experiencias como fundador o miembro de un equipo infrarrepresentado, responde con sinceridad, destaca que tu trayectoria es única y anima a la persona que te pregunta a seguir investigando los problemas sistémicos más amplios que se plantean.

Por último, debes saber que la confrontación requiere energía y que no siempre estarás dispuesto a ella. No pasa nada. Habla cuando te sientas con energía para hacerlo, porque permanecer en silencio puede ser agotador. Actúa siempre dentro de tu integridad.

Consejos profesionales

- Los mentores, compañeros y *coaches* con los que te relacionas (junto con familiares y amigos) son un buen lugar al que acudir en busca de apoyo. Saber que estas personas te apoyan marcará la diferencia cuando decidas denunciar un prejuicio dirigido contra ti o contra otra persona.

- Crea un espacio que reafirme tu identidad. Llena tu zona de trabajo de fotos, citas, afirmaciones y adornos que te recuerden tus valores. Si alguna vez te sientes presionado por tener que desempeñar el papel de la minoría modelo, vuelve a este espacio para reafirmar tu identidad. Deja que te recuerde quién eres y te anime a mantenerte fiel a ti mismo.

• • •

Recuerda que solo merece la pena permanecer en una empresa si te sientes realizado en ella. Si te ves obligado a callar y a restringir partes de tu identidad, te diriges por un camino oscuro hacia el agotamiento por complacer a la gente. Al final, lo más importante eres tú y tu salud. Un trabajo es solo un trabajo, y habrá más. No debería ser toda tu vida.

Cuando des tus primeros pasos en el mundo laboral, rodéate de oportunidades que te hagan sentir bien y resiste la presión de conformarte con viejos sistemas y formas de pensar anticuadas.

Resumen rápido

Los miembros de grupos infrarrepresentados a menudo creen que tienen que actuar como «minoría modelo», es decir, asimilarse para resultar más aceptables a los miembros de su equipo del grupo mayoritario. ¿Cómo evitar la trampa de la minoría modelo? Prueba estos consejos:

- Presenta tu candidatura a puestos de trabajo en empresas que ocupen los primeros puestos en los informes sobre índices de diversidad e inclusión, y tengan un historial demostrado de promoción de profesionales infrarrepresentados.

- Construye una red de apoyo que pueda aconsejarte y defender tus perspectivas únicas.

- Prepárate para los peores escenarios para proteger tu salud física y emocional.

- Redacta un guion sobre cómo quieres responder a los comentarios tendenciosos que te encuentres en el trabajo.

Para saber más sobre cómo la gente de color cambia de código
en el trabajo, lee este artículo:

14

Mis colegas no aciertan con mi nombre
Se trata de ellos, no de ti

por Talisa Lavarry

¿Qué hacer si alguien pronuncia mal tu nombre o, peor aún, te lo cambia completamente? Es incómodo, pero también puede ser ofensivo.

HBR recibió la siguiente nota de Horacio (cuyo nombre se ha ocultado para preservar el anonimato), pidiendo consejo sobre este tema. Así que le pedimos a Talisa Lavarry, autora de *Confessions From Your Token Black Colleague* ('Confesiones de un colega negro simbólico') y presidenta de Yum Yum Morale Workplace D.E.I. Strategies, que respondiera.

Estimado HBR:

¿Cómo responder educadamente cuando te llaman por el nombre equivocado? En muchas ocasiones, el jefe de mi jefe me ha confundido con otro colega. Aunque ambos tenemos nombres poco comunes, nuestros nombres son muy diferentes y no suenan parecidos en absoluto. En una ocasión concreta, el anuncio del ascenso de mi colega incluía un resumen de mis logros. Aunque siento un gran respeto por mi colega, sigo luchando por transmitir mi identidad única.

Sospecho que la raza puede ser un factor en esta situación. Hay un supuesto provincianismo que utilizo para explicar por qué me siento desconectado de otros directivos. Si soy sincero conmigo mismo, me siento en desventaja por tener un nombre poco común. ¿Es una proyección por mi parte? ¿Sentirme en desventaja o marginado no es más que una excusa para no entablar y construir relaciones sólidas con los miembros del equipo? ¿Hay algo que pueda hacer para evitar que me confundan con mi colega tan a menudo?

Atentamente,
Horacio

Estimado Horacio:

Si alguien puede hablar de este tema, sin duda soy yo. Nací en el Sur de Estados Unidos, en Shreveport, Luisiana, para ser exactos. Mi madre me puso Talisa. Hace unos años decidí que Tali sería más adecuado a la hora de buscar oportunidades de empleo y asimilarme con mis colegas, mayoritariamente blancos.

En aquel momento, me pareció lo correcto. Hoy pienso de otra manera. Aunque sinceramente me gusta llamarme Tali, ahora me doy cuenta de que hacer este cambio solo para impulsarme en una cultura blanqueada no era bueno para mí, ni para ninguno de los que llevamos nombres que se perciben como étnicos. La mayoría de la gente no se da cuenta de lo contraproducente que es sentir que tienes que negar partes de ti mismo para que te consideren digno. Pero fingir ser alguien que no eres reduce cualquier posibilidad de sentir que realmente perteneces a algo y, como probablemente hayas descubierto, es agotador.

Agradezco tu iniciativa de proponer esta pregunta. Creo que es una prueba de que estamos creciendo y cambiando a mejor. Cada vez somos más los que nos damos cuenta del daño que supone perder una parte tan esencial de nosotros mismos para encajar en culturas que, para empezar, no fueron diseñadas para nosotros.

Crear este tipo de diálogo es necesario si queremos conseguir un mundo más justo y equitativo. He aquí mi consejo.

Reconócelo por lo que es

Mi respuesta a tus primeras preguntas es no, no estás proyectando o buscando una escapatoria. Lamentablemente, te enfrentas a una situación común para muchas personas de color. Cualquier libro de historia (o canal de noticias) te mostrará que los blancos a menudo se sienten cómodos pasando por alto y minimizando el valor de la gente de color. Existe la tácita creencia de que la gente de color debería alegrarse de que la inviten a sentarse a la mesa. Esto también es cierto en el entorno laboral: nuestros colegas blancos rara vez se esfuerzan por asegurarse de que estemos cómodos una vez sentados.

A pesar de ser ilegal, las personas de color sufren todo tipo de discriminación en el trabajo, pero no todos los gestos son obvios. Una microagresión, que es lo que parece que estás sufriendo, es mucho más sutil. No identificar adecuadamente a los empleados negros, mestizos y otros marginados —una y otra vez sin preocuparse— es un buen ejemplo de ello.

Equivocarse con un nombre puede ser involuntario. De hecho, la mayoría de las veces probablemente no se haga con mala intención. Pero no por ello deja de ser irresponsable y poco profesional. Muestra un flagrante desprecio por la identidad de una persona y envía el mensaje de que el culpable se considera superior a esa persona.

Tu dilema parece ser doble. Pronunciar mal tu nombre es una cosa, pero confundirte continuamente con otro colega de la oficina es una auténtica desfachatez. Debo decir que la idea de que todas las personas de ciertos grupos se parecen es extremadamente molesta. Aun así, sigue ocurriendo... y mucho. En 2019, el *Washington Post* publicó un tuit en el que preguntaba a personas de color sobre sus experiencias al ser identificadas erróneamente en entornos predominantemente blancos.[1] Más de cuatrocientas personas respondieron con sus historias.

Es importante que seas consciente de esta realidad. Salir de tu experiencia, verla en este contexto más amplio y reconocerla como otro resultado del racismo sistémico marcará una gran diferencia en la forma en que ambos os sentís y abordáis la situación.

Sé consciente de que no se trata de ti

Ya hemos dicho que decir mal el nombre de alguien puede parecer una falta de respeto, pero es muy probable que proceda de un prejuicio inconsciente. Debes saberlo para proteger tu salud mental. Albergar ira contra tus colegas no te beneficiará en absoluto, y tampoco ayudará al crecimiento de las personas que te hacen daño.

Haz todo lo posible por separarte de esos comportamientos. Sé que es más fácil decirlo que hacerlo, pero, si no consigues crear la distancia que necesitas para ganar claridad, te pones en una situación peligrosa. Lo último que quieres hacer es cambiarte a ti mismo en lugar de enfrentarte al problema real.

Por mucho que te encubras o cambies de código, no conseguirás impresionar a las personas que te están haciendo daño. Por desalentador que pueda parecer, debes seguir recordándote a ti mismo que esa situación no tiene nada que ver contigo. No hay nada malo en lo que eres y no tienes nada de lo que avergonzarte.

Mencionaste que «luchas por mostrar tu identidad única» en el trabajo, lo que me hace creer que estás en un ambiente que no te parece tan inclusivo. También sé que ser auténtico en el trabajo, especialmente como persona de color en el mundo empresarial, conlleva riesgos. Al mismo tiempo, creo que te sentirás mejor y trabajarás mejor una vez que determines tu estilo personal y te sientas seguro proyectándolo.

El primer paso para mostrar más de ti mismo es ser sincero con tus compañeros sobre cómo te hacen sentir sus errores.

Llama la atención de tus colegas (con delicadeza)

Aunque corregir a alguien en una posición de poder pueda hacerte sentir que estás siendo demasiado asertivo, no es así. Nuestros nombres son una parte importante de nuestra identidad. Todos deberíamos estar dispuestos a corregir los nombres de nuestros colegas, y existen varias formas de llamar la atención a alguien (con delicadeza).

Realiza preguntas aclaratorias

Puedes hacerlo sin parecer condescendiente. La próxima vez que alguien se dirija a ti por un nombre equivocado, ofrece una cálida sonrisa mientras dices algo como: «Espera, ¿me acabas de llamar [nombre] por error?». Esto le hace saber a la persona que te importa que digan tu nombre correctamente, y le da la oportunidad de (con suerte) disculparse y confirmar el nombre o la pronunciación correctos.

Ofrece una corrección

Si no te sientes cómodo llamando la atención a alguien en el momento, practica primero en el espejo o haz un juego de rol con un amigo, un orientador profesional o un terapeuta.

Por ejemplo, puedes ensayar explicando tu nombre de una forma memorable: «Me llamo Horacio. La H es muda, y como soy el jefe de finanzas, probablemente no será difícil recordar que me ocupo de ratios». O pronúncialo para la otra persona: «Por cierto, me llamo Talisa. Piensa en Lisa con Ta delante».

Si te vuelven a llamar por el nombre de tu colega, inténtalo: «[Nombre] trabaja en marketing y se sienta junto a la cocina. No sé por qué nos confundes, pero quiero que sepas que soy yo quien se sienta aquí, junto a la ventana».

Hazlo por escrito

Incluye la grafía fonética de tu nombre cuando lo presentes por escrito. Puede hacerlo en notas escritas o en firmas de correos electrónicos.

Consigue el apoyo de los aliados

Estas conversaciones pueden ser emocionalmente agotadoras, así que, cuanto más apoyo tengas, mejor. Tus aliados son las personas que pueden hablar por ti y corregir a los demás cuando tú no estás, o hacerlo en momentos en los que estás presente pero quizá no te sientas cómodo o no tengas energía para decir algo tú mismo.

Busca a compañeros o colegas en los que confíes y explícales casualmente la situación. Conseguir el apoyo de alguien que tenga más prestigio que tú resultará especialmente útil. Tus colegas más veteranos pueden abogar por ti cuando hablen con los líderes de la empresa, lo que podría dar lugar a un cambio cultural aún más impactante.

Por último, fíjate en lo que ocurre. Te sorprenderá saber cuántos de tus compañeros sufren microagresiones similares. Personalmente, he descubierto que este tipo de situaciones son más fáciles de manejar cuando lo hago con personas que pueden identificarse con lo que estoy pasando.

Expresa directamente tus preocupaciones

Si los planteamientos anteriores no dan resultado, es hora de ser franco en la comunicación. No hace falta que expreses físicamente emociones como la ira o la tristeza para demostrar que estás molesto, pero sí que comuniques claramente cómo te hacen sentir los errores de tus compañeros.

Simplemente di: «Me llamo Horacio y te agradecería mucho que lo dijeras correctamente». Una vez dicho esto, detente y deja que te respondan. Con suerte, esto abrirá la puerta a una conversación más larga y dará a la otra persona la oportunidad de disculparse y comprometerse verbalmente a decir tu nombre correctamente de ahora en adelante.

Presenta una queja formal

Supongamos que has intentado mantener una conversación directa y, aun así, el problema persiste. Ha llegado el momento de presentar tus preocupaciones a RR. HH. Es posible que puedas hacerlo de forma anónima, pero esto depende totalmente de tu entorno de trabajo y de la relación general entre tú y la persona o personas que se han negado a pronunciar tu nombre correctamente.

Independientemente de cómo decidas presentar la queja, asegúrate de informar a RR. HH. de los pasos que ya has dado para intentar resolver el problema. Da ejemplos de las consecuencias que pueden tener este tipo de microagresiones, como estrés, ansiedad, sensación de aislamiento y depresión, todo lo cual puede afectar a tu rendimiento laboral.

Pregunta directamente a RR. HH. cómo pueden asegurarse de que no vuelva a ocurrir. Si te sientes cómodo haciéndolo, incluso puedes proponer a la organización que invierta en algún tipo de formación sobre raza y diversidad para todos los empleados, o sugerir a la dirección que mencione la importancia de identificar adecuadamente a los compañeros en la próxima reunión de toda la empresa.

Saber cuándo marcharse

Tú eres responsable del cuidado personal de ti mismo, de tu salud, de tu crecimiento profesional y de tu cordura. Aunque abandonar un puesto que te gusta puede ser doloroso, si tienes que rendir constantemente para sentirte visto, escuchado, valorado y respetado, puede que en última instancia quieras plantearte si seguir adelante.

En los lugares de trabajo de todo el mundo se producen muchas ofensas, pero cada vez hay más empresas que adoptan el concepto de crear y fomentar entornos diversos, equitativos e integradores. Todos merecemos oportunidades para ser nosotros mismos y ofrecer nuestro mejor trabajo.

Resumen rápido

Equivocarse de nombre puede ser involuntario, pero no por ello menos irresponsable y poco profesional. Entonces, ¿qué debes hacer si tus colegas siguen equivocándose con tu nombre?:

- Ten presente que se trata de ellos, no de ti.

- Haz preguntas aclaratorias u ofrece una corrección: «Espera, ¿me acabas de llamar [nombre] por error?».

- Si el intento anterior no funciona, sé contundente: «Me llamo [tu nombre], y te agradecería mucho que lo dijeras correctamente».

- Busca aliados que te apoyen, ya que estas conversaciones pueden ser emocionalmente agotadoras.

- Si el problema persiste después de una conversación directa, presenta tus quejas a RR. HH.

15

Cómo mantener conversaciones difíciles sin cerrarte puertas

Enfrentarte a los demás cuando van en contra de tus valores

por Evelyn Nam

Imagina estos escenarios:

- Un alto ejecutivo de tu organización hace un comentario sexista en un correo electrónico dirigido a toda la empresa.

- El CEO ha dejado claro que la empresa no invertirá en sostenibilidad, un tema que te preocupa mucho.

- Presencias una microagresión en una reunión de equipo.

En cada una de estas situaciones tu instinto puede ser hablar, enfrentarte a la otra persona y compartir tus puntos de vista. Pero ¿cuál es la forma más eficaz de hacerlo?

Cuando acabas de incorporarte al mundo laboral, puede resultar difícil contribuir a las políticas empresariales de la organización o expresar tus opiniones sobre temas que te interesan. La falta de poder puede disuadirte de ser sincero o dar tu opinión. El problema de esta mentalidad es que ignora lo importantes que son nuestros valores para nuestro bienestar en el trabajo. De hecho, según una encuesta mundial realizada a 2.600 miembros de la generación Z, solo uno de cada cinco trabajaría para una empresa que no compartiera sus valores. Del mismo modo, al menos el 70 % de generación Z se implica en una causa social o política.[1] Además, está demostrado que las personas que son capaces de vincular su propósito social a su empleo están más satisfechas y comprometidas en el trabajo.[2]

Para entender mejor cómo hacer oír tu voz y mantener conversaciones difíciles en el trabajo sin cerrarte puertas, he hablado con algunos expertos. Esto es lo que tienen que decir.

Ve a los demás como potenciales aliados, no como adversarios

Cuando compartas tus ideas sobre un incidente, como una microagresión, dirígete a la persona que hizo el comentario como un aliado. La defensa social es más eficaz cuando se empieza por «llamar a las personas» al diálogo, en lugar de llamarles la atención o simplemente criticarlas.

Todd Kashdan, autor de *El arte de llevar la contraria*, afirma que, en última instancia, debatir un tema consiste en admitir que todos somos de la misma naturaleza. «Todos tenemos defectos, cometemos errores y a menudo no tenemos la energía o la capacidad mental para hacer las cosas que nos importan. Lo importante es que lo reconozcamos y elijamos hacerlo mejor», explica Kashdan.

Tu objetivo debe ser mantener una conversación e intentar comprender el punto de vista de la otra persona. Durante la conversación, hay que hacer hincapié en ayudar a la otra persona a entender su error, en lugar de intentar avergonzarla por ello. Por ejemplo, puedes decir: «No entendí el chiste que hiciste. Sinceramente, me ha dolido un poco como persona de [la identidad que tienes]. ¿Estarías abierto a una conversación al respecto?».

Intentar mantener esta conversación, dice Kashdan, no es solo sabio desde el punto de vista ideológico, sino que también es pragmático y práctico. Cuando invitas a otra persona a debatir sobre un tema en lugar de intentar ganar una batalla, es más probable que te escuche y que la conversación avance positivamente.

«Es mucho menos probable que las cosas salgan adelante en una situación de confrontación. Por eso resulta estratégico establecer un terreno de igualdad en el que ambas partes puedan hablar», afirma Tobias Berkman, asociado principal del Consensus Building Institute y miembro afiliado del Programa de Negociación de la Harvard Law School.

Escucha el punto de vista de la otra persona

Una vez en igualdad de condiciones, es importante escuchar y tener en cuenta el punto de vista de la otra persona. Los estudios demuestran que a menudo exageramos lo extremistas que son nuestros oponentes.[3]

«Alguien dice algo y, de repente, nos creamos una imagen sobre quién es como persona y qué tipo de intención tiene, y luego procedemos como si eso fuera cierto —dice Julia Minson, profesora asociada de la Harvard Kennedy School—. Eso crea automáticamente un ambiente de confrontación en el que alguien tiene que perder». Minson explica que es importante saber más sobre la intención real de la otra persona, en lugar de completarla con tus propias suposiciones.

Para aclarar esas intenciones, escucha activamente y sé curioso. «Escuchar no significa comprometerse. Significa entender de verdad de dónde viene la otra persona —dice Minson—. Dedica tiempo a intentar comprender por qué la otra persona cree lo que cree».

También puedes hacer preguntas concretas para comprender mejor su intención. Por ejemplo, inicia la conversación con: «Cuéntame más sobre tu perspectiva de lo ocurrido». Presta atención a lo que dice la otra persona. Después de escuchar atentamente, parafrasea lo que has oído: «Entiendo que lo que has dicho es XYZ. ¿Lo he entendido bien?». Esto te ayudará a aclarar conceptos erróneos y a confirmar los hechos. A partir de esta información, puedes exponer tu punto de vista: «Escucharte hablar me ha hecho pensar en este nuevo estudio sobre la brecha en el seguro médico de las personas sin pareja que quería compartir contigo».

Hacer preguntas también puede ayudarte a saber más sobre dónde están las diferencias reales entre sus creencias. ¿Su opinión se basa en la experiencia personal, o quizá en la falta de ella? ¿Conoce información que contradiga su investigación? ¿Parece abiertos a nueva información y muestra afinidad por el cambio? Prestar atención a estos aspectos puede ayudarte a encontrar soluciones aceptables para todos.

Minson afirma que, cuando escuchamos y los demás se sienten escuchados, es mucho más probable que nos escuchen a nosotros: «La norma de reciprocidad —hago contigo lo que tú haces conmigo— es un comportamiento humano básico. Eso permitirá que la otra persona te dé la palabra, facilitándonos la transmisión de nuestra postura».

Alison Wood Brooks, profesora asociada de la Harvard Business School, añade que la intención no solo tiene que ver con las acciones de la otra persona, sino que también trata de tus propias intenciones.

Pregúntate cuál es tu objetivo al acercarte a esa persona para mantener una conversación. Si tu objetivo es generar algún tipo de cambio en esa persona y transmitir tu punto de vista, tienes que recordarlo incluso en el fragor del momento, explica Brooks. Sin embargo, si lo único que quieres es enfrentarte a alguien, compartir tu enfado y exponer tu punto de vista, lo único que conseguirás es agravar la situación.

Recuerda que estás tratando con otro ser humano

A lo largo de este tipo de conversaciones es importante recordar que te estás comunicando con una persona que tiene sentimientos, vivencias, una historia, traumas, un corazón y las mismas necesidades que tú: ser escuchado, comprendido y, lo más importante, respetado. Kashdan afirma que la práctica, ahora tan común y manida, de etiquetar a las personas de narcisistas, *gaslighting* y tóxicas puede hacer que deshumanicemos a los demás, sobre todo cuando sus opiniones no reflejan nuestros valores.

Por eso es importante escuchar a los demás y entender su punto de vista. Los seres humanos tenemos la capacidad de cambiar y mejorar. Minson subraya que, cuando vemos ese potencial en aquellos con los que no estamos de acuerdo, es probable que nos relacionemos con ellos de forma más eficaz. Es importante evitar ver a las personas como «buenas» o «malas», pues eso te ayudará a extender cierta gracia y empatía a la otra persona.

Por otro lado, la exclusión puede llevar a opiniones más extremas. Si la otra persona se siente alienada, puede acabar buscando y encontrando a otros que la escuchen y estén de acuerdo con su punto de vista. Esto nos aísla aún más de los demás y crea opiniones y pensamientos polarizantes, añade Minson. Ver a la otra persona como un ser humano (aunque con defectos) con la misma necesidad fundamental de ser escuchado y respetado puede ayudar mucho a crear el cambio que queremos ver.

Está bien usar el humor (a veces)

Puede parecer contraintuitivo, pero Kashdan afirma que el sentido del humor puede ayudar enormemente en la defensa social. Comparte el ejemplo de Loretta Ross, profesora y activista, que en un artículo de opinión en el *New York Times* escribió lo siguiente: «En 2017, como profesora universitaria en Massachusetts, me equivoqué accidentalmente de género con un estudiante mío durante una conferencia. Me quedé paralizada por la vergüenza, esperando que me echara la bronca. En lugar de eso, mi estudiante me dijo: "No pasa nada; yo también me equivoco a veces". Necesitamos más de este tipo de cortesía».[4]

Kashdan contrasta esto con el uso de la vergüenza o el bochorno como táctica de persuasión. «Cuando avergüenzas a los demás, los acorralas y lo único que pueden hacer en esa situación es encogerse o arañarte los ojos; hay que darles una salida», dice. El humor nos permite ser humanos, desarmar a los demás y salvar las apariencias. Llama la atención y no presupone intenciones negativas.

Dicho esto, el humor es algo que solo puedes practicar si te sientes cómodo y seguro con las personas con las que interactúas. También depende de la situación y de los valores que se cuestionen. El humor puede ser muy útil cuando hablas con un colega con el que te llevas bien y que ha cometido una microagresión, pero, en situaciones en las que estás hablando con un superior, el humor puede ser un reto. Evalúa con quién puedes utilizar el humor como herramienta y asegúrate de que te ayuda a avanzar en la conversación, en lugar de insultar o degradar a la otra persona.

No temas pedir ayuda

Todos estos consejos pueden ser útiles si estás tratando un asunto concreto con un colega o incluso con tu jefe. Pero ¿y si quieres compartir tu punto de vista sobre un problema organizativo más amplio? ¿Y si la persona a la que tienes que enfrentarte es el CEO u otro alto cargo?

Puede parecer una tarea imposible, pero no te desanimes. Amit Goldenberg, profesor asociado de la Harvard Business School, explica que, en estos casos, encontrar aliados es una estrategia importante para hacer oír tu voz.

Para encontrar aliados, piensa en las personas que ocupan puestos de liderazgo y se preocupan por los mismos temas. ¿Puedes pedir consejo a tu jefe sobre cómo avanzar? ¿Puedes ponerte en contacto con un líder de tu departamento que esté más cerca del CEO? ¿Hay directivos de otros departamentos con los que te sentirías cómodo pidiéndoles opinión sobre cómo avanzar?

Cuando cuentes con dos o tres personas a las que quieras dirigirte, organiza una reunión y explícales cómo te sientes ante esa situación en concreto. Piensa en ti mismo como defensor de la causa y explica cómo la adopción de determinadas medidas ayudaría a la empresa, a sus dirigentes y a sus empleados.

Por ejemplo, podrías decir algo como: «Leí el reciente discurso del CEO sobre nuestra estrategia para el año y sentí que perdimos la oportunidad de centrarnos en ESG. Dado que la sostenibilidad está ganando popularidad en diferentes sectores, creo que es un momento oportuno para que nuestra organización busque clientes que den prioridad a los objetivos ESG debido a XYZ. Estas son mis ideas sobre lo que podemos hacer mejor. Me encantaría escribir un correo electrónico al CEO sobre esto o que un alto dirigente lo planteara en la reunión ejecutiva. ¿Cómo sugerís que avance?».

• • •

Defender un mundo más humano basado en el cuidado y el respeto no es fácil y, en última instancia, uno tiene poco control sobre la respuesta de los demás. Pero incluso si tus intentos de implicar a otra persona no siempre tienen éxito, recuérdate a ti mismo que has hecho un esfuerzo de todo corazón, y eso es lo que cuenta. Al final, la clave para cambiar la mentalidad y el comportamiento es la paciencia: hay que dar tiempo.

Resumen rápido

Cuando se produce una situación que requiere hablar o enfrentarse a los compañeros, ¿cuál es la mejor manera de expresar tus preocupaciones?:

- Considera a los demás como aliados potenciales, no como adversarios. «Llama al diálogo» en lugar de «criticar».

- Siente curiosidad por el punto de vista de la otra persona. Haz preguntas concretas para entender mejor su intención.

- Extiende un poco de cortesía y empatía hacia la otra persona.

- Utiliza el humor para desarmar a los demás y salvar las apariencias, pero solo si te sientes cómodo y seguro con la persona con la que estás interactuando.

- Encuentra aliados y conviértete en defensor de la causa. Explica a los directivos cómo la adopción de determinadas medidas ayudaría a la empresa y a sus empleados.

Para aprender a controlar tus emociones durante
una conversación difícil, mira este vídeo:

16

¿Tienes una doble vida en las redes sociales?

Redefinir el significado de «profesional» en LinkedIn

por Paige Cohen

Bisi Alimi ha dejado de vivir una doble vida.

Ha sido un viaje, literalmente, por tierra y mar.

Hoy es *coach* ejecutivo y fundador de la Fundación Bisi Alimi, que defiende los derechos de las personas LGBTQ+ en la población activa nigeriana. En 2004 fue actor y activista en Lagos, y es el primer hombre de su país que ha salido del armario como gay en la televisión nacional.

Cuando conocí a Alimi en LinkedIn, no sabía nada de su historia. Aquel día entré en mi cuenta con las expectativas habituales: la brillante página de inicio, la larga lista de actualizaciones y mis conexiones, vestidas con atuendos impecables, sonriendo mientras me desplazaba por la web. No me esperaba a Alimi, feroz y sin complejos, sirviendo realismo sobre un fondo rosa pálido con un top de tubo de cuero, un tutú negro y unas botas hasta los muslos.

«¿Vivimos una doble vida en las redes sociales? —comenzaba su *post*—. Como alguien que tiene mucho que ver con el mundo corporativo, realmente he luchado [con] la representación... ¿Cómo me muestro en LinkedIn de una manera que no me cueste puestos de trabajo? ¿Por qué tengo que ser una persona diferente en las distintas plataformas de las redes sociales?».[1]

En mi propia foto de perfil aparezco sonriente con una camisa abotonada y tirantes. Un campo verde se extiende borrosamente en el fondo. La fotografía se tomó en una boda a la que asistí, y la elegí porque es uno de los pocos momentos en los que me han visto con algo parecido a un traje de negocios tradicional.

En la vida real, estoy cubierta de tatuajes grises y negros. Mi pelo oscila a lo largo de un espectro de colores y, si no lo matizo con gomina, parezco un dibujo animado electrificado. Prefiero los vaqueros rotos a los chinos, los chalecos estampados a las camisas, y me encanta todo lo que tenga purpurina, incluidas las botas militares. Pocas de estas preferencias me parecen realmente «seguras para el trabajo» o para cualquier plataforma *online* en la que un reclutador pueda encontrarme.

Alimi había dado en el clavo, para mí y para otros. Más de sesenta personas comentaron su *post*, muchas de ellas expresando presiones similares para presentar una versión diferente y más apagada de sí mismas en entornos relacionados con el trabajo. Lo que más me sorprendió fue que las respuestas iban mucho más allá del aspecto físico. Para mucha gente no se trata solo de cómo vestimos, sino de quiénes somos en el fondo. He aquí algunos de los comentarios que recibió Alimi:

> «Mi yo profesional siempre ha estado separado de mi yo personal, en detrimento, a veces, de mi éxito y mi salud mental».

> «Soy no binaria, autista y muy sincera sobre mí misma en otras plataformas. Y en LinkedIn también lo he intentado.

He intentado luchar mucho contra la presión de ser una "profesional" convencional y he publicado... mi poesía, mis modelos de género..., pero la gente suele ignorarlo».

«Creo que el otro día dije literalmente: "No sé cómo existir en diferentes espacios como el mismo yo". Es una sensación de no estar nunca completo».

«En mi WhatsApp soy una persona bastante diferente. Soy más franca, más cruda, pero aquí soy muy profesional».

Quería saber más sobre lo que inspiró a Alimi a publicar esa mañana. Su respuesta es matizada y nace de una historia más larga que compartió conmigo por teléfono mientras conducía por Londres, donde ahora reside con su pareja y su familia. Es una historia que empezó varios años antes, en Nigeria.

Alimi nació en Lagos, su padre era policía y su madre limpiadora. Fue a la universidad a estudiar arte dramático y, poco después de graduarse, consiguió su primer gran trabajo actuando en la televisión nacional. Para entonces, ya tenía experiencia en vivir dos vidas.

«No podía hablar de mi sexualidad —me dijo—. Vengo de una cultura en la que ser gay es un delito y me hubiera costado el puesto. Tuve que ocultar esa parte de mí intencionadamente. Iba al plató y actuaba dentro y fuera de la cámara. Coqueteaba con una chica en el trabajo, pero los fines de semana iba a clubs de gais».

A lo largo de los años, Alimi había perdido a varios de sus amigos íntimos a causa del VIH, y en 2004 dio positivo en la prueba del virus. Para entonces se había implicado en labores de activismo y movilización en Nigeria, promoviendo el sexo seguro en su comunidad, pero seguía en el armario públicamente y muy asustado. «Ya había perdido a mucha gente —afirma—. Pero fue [la muerte de] mi mejor amigo lo que realmente me conmovió. Empecé a hacerme preguntas sobre la vida y la muerte, sobre las aspiraciones y los objetivos. La gente intentaba eliminarme, así que lo asumí. Salí del armario en uno de los programas de entrevistas más vistos del país».

Tres años después, en 2007, se vio obligado a huir de Nigeria tras recibir amenazas de muerte en respuesta a su revelación, y así comenzó su trabajo en el Reino Unido. En 2008 le concedieron asilo y en 2011 obtuvo un máster en gobernanza mundial y políticas públicas en el Birkbeck College de la Universidad de Londres, lo que marcó el inicio de su actual trayectoria y de su labor de creación de entornos de trabajo más inclusivos para las personas LGBTQ+ en Nigeria.

«Nigeria es una sociedad muy patriarcal —afirma Alimi—. Para hacer el trabajo que hago ahora, para mantener esta conversación sobre la inclusión con ejecutivos y empresas, tengo que parecer varonil para que me respeten. Muchos de mis clientes están en LinkedIn, lo que significa que, para que me vean responsable en mis apariciones, tengo que parecer formal. Pero en Instagram, donde tengo seguidores muy jóvenes, me siento cómodo compartiendo una parte de mí mucho más libre, que desafía lo binario».

¿Qué pasaría si uno de sus clientes entrara en Instagram y le viera con tacones y un *crop top*? ¿Le costaría el trabajo igual que le costó al salir del armario años atrás? Alimi me dijo que cree que eso pondría en entredicho su profesionalidad.

Para Alimi, la cuestión ahora es: «¿estoy cumpliendo lo que predico?».

«Pregunto a las empresas si permiten que la gente acuda a la oficina tal y como es —dijo—. Mientras tanto, yo me escondo. Así que, la mañana que compartí el *post* en el que aparecía con un *crop top*, tuve una revelación. Me pregunté: "¿Cuántas otras personas se sienten así?". Publiqué la foto en LinkedIn, y la respuesta solo ha sido positiva».

El dilema interno al que se enfrentó Alimi aquella mañana pone de manifiesto lo anticuadas que pueden estar ciertas prácticas empresariales. Incluso en entornos que predican la equidad y tienen leyes que protegen a los empleados de la discriminación, muchas empresas se adhieren a un antiguo conjunto de normas que favorecen los códigos de vestimenta de género con raíces en el siglo XVIII. Las empresas que se aferran a estas normas pueden ser —con o sin conocimiento de causa— una fuente importante de estrés para las personas que no se ajustan a las normas de género o para cualquiera que desafíe el género binario.

Le pregunté a Alimi si tenía algún consejo que dar a otras personas que se enfrentan al dilema de la doble vida, especialmente en lo que se refiere a cómo nos presentamos en las redes sociales: «¿Deberíamos ocultar quiénes somos por el bien de nuestros empleadores o tenemos que sobrepasar los límites si queremos cambiar las reglas?».

«Hay que tener mucho cuidado —afirma Alimi—. Especialmente a los jóvenes que se enfrentan a esto por primera vez, les diría que tanteen el terreno. El hecho de que una empresa tenga una política inclusiva no significa que la gente con poder no la cuestione y no vaya a opinar sobre ti. LinkedIn es para profesionales. Es donde muestras tu carrera. Es donde muestras lo que esperas llegar a ser y quién aspiras a ser. Para mí, eso es muy importante. Así que pregúntate cómo ves tu carrera y cómo vinculas tu auténtico yo con el mensaje que intentas enviar».

El *post* de Alimi en LinkedIn estaba relacionado con el cambio que intenta realizar. Está directamente relacionado con la dirección que quiere dar a su trabajo y a su carrera. Graduado en *coaching* empresarial y ejecutivo por el Meyler Campbell, tiene la misión de utilizar el poder del *coaching* para cultivar la inteligencia colectiva y el liderazgo empático, centrándose en las economías emergentes. Cree que la DEI no debe dejar a nadie atrás, y para ello necesita desarrollar un lenguaje global que trascienda la religión, la cultura y las expectativas sociales. Cree que debemos examinar más de cerca los valores que guían a los poderes fácticos en el mundo corporativo y reimaginar aquellos que puedan estar perjudicando a las comunidades marginadas.

Sin embargo, se cuidó de reiterar que algunas personas aún no tienen el privilegio de mostrar todo su ser en las redes sociales sin consecuencias. Como dejan claro los comentarios a su *post*, cuando se trata de representación en el trabajo, la moda es solo la punta del iceberg. Aunque la identidad en sí misma va mucho más allá de cómo nos vestimos, cómo nos presentamos es un factor que, hasta cierto punto, podemos controlar. En plataformas como LinkedIn, nuestras fotos son nuestra primera impresión.

Para algunos de nosotros, la realidad es que todavía hemos de tener cuidado con las partes de nosotros mismos que compartimos públicamente, por nuestra seguridad y por nuestras carreras. Puede que esta no sea nuestra realidad para siempre, pero significa que tenemos que ser estratégicos a la hora de impulsar los cambios que queremos ver.

«Creo que LinkedIn está iniciando algo revolucionario en cierto modo —afirma Alimi—. Empieza a haber mucha oposición a lo que es aceptable en términos de identidad corporativa, y LinkedIn es el punto de partida de esa conversación. Ahora tenemos que llevarlo al lugar de trabajo. La idea de masculinidad y feminidad está cambiando. ¿Por qué seguimos funcionando con una estructura binaria? Es una cuestión que debe estar en primer plano».

Resumen rápido

¿Compartes diferentes partes de ti mismo en las distintas redes sociales? Es hora de redefinir lo que significa parecer «profesional» en internet. Recuerda estos puntos:

- Incluso en entornos que predican la equidad y tienen leyes que protegen a los empleados de la discriminación, muchas empresas se adhieren a un antiguo conjunto de normas que favorecen los códigos de vestimenta sexistas.

- Las empresas que se aferran firmemente a estas normas pueden ser —conscientemente o no— una fuente importante de estrés para las personas que no se ajustan a las normas de género o para cualquiera que desafíe el género binario.

- Las ideas de masculinidad y feminidad están cambiando, así que ¿por qué seguimos operando en una estructura binaria? Esta pregunta debe estar en el primer plano de la conversación.

NOTAS

Capítulo 3

1. Lynne C. Giles *et al.*, «Effect of Social Networks on 10 Year Survival in Very Old Australians: The Australian Longitudinal Study of Aging», *Journal of Epidemiology & Community Health* 59, n.º 7 (2005): 574-579; Raymond T. Sparrowe *et al.*, «Social Networks and the Performance of Individuals and Groups», *Academy of Management Journal* 44, n.º 2 (2001): 316-325; James S. House, Karl R. Landis y Debra Umberson, «Social Relationships and Health», *Science* 241, n.º 4865 (1988): 540-545.

Capítulo 6

1. Kausalya Ganesh y Amanda Lazar, «The Work of Workplace Disclosure: Invisible Chronic Conditions and Opportunities for Design», *Proceedings of the ACM on Human-Computer Interaction* 5 (2021).

Capítulo 7

1. Michael Cherny, «Hi, I'm Mike. And today is my first day living my truth», LinkedIn, 2019, https://www.linkedin.com/posts/mcherny_hi-im-mike-and-today-is-my-first-day-activity-6488402596557045760-_jEv.

2. Dan Avery, «LGBTQ Rights Fight Reignited 4 Years after N.C.'s 'Bathroom Bill' Controversy», NBC News, 8 de diciembre de 2020, https://www.nbcnews.com/feature/nbc-out/lgbtq-rights-fight-reignited-4-years-after-n-c-s-n1250390.

Capítulo 8

1. Morgan A. Krannitz *et al.*, «Workplace Surface Acting and Marital Partner Discontent: Anxiety and Exhaustion Spillover Mechanisms», *Journal of Occupational Health Psychology* 20, n.º 3 (2015): 314-325.

Capítulo 11

1. Robert Half, «Cry Me a River: How Emotions Are Perceived in the Workplace», comunicado de prensa, 3 de abril de 2018, https://press.roberthalf.com/2018-04-03-Cry-Me-A-River-How-Emotions-Are-Perceived-In-The-Workplace.

2. Bianca P. Acevedo *et al.*, «The Highly Sensitive Brain: An fMRI Study of Sensory Processing Sensitivity and Response to Others' Emotions», *Brain and Behavior* 4, n.º 4 (2014): 580-594.

3. Half, «Cry Me a River».

4. Brett S. Torrence y Shane Connelly, «Emotion Regulation Tendencies and Leadership Performance: An Examination of Cognitive and Behavioral Regulation Strategies», *Frontiers in Psychology* 10 (2019).

5. Daniel Goleman, «What Makes a Leader?», *Harvard Business Review*, enero de 2004, https://hbr.org/2004/01/what-makes-a-leader.

6. Elizabeth Baily Wolf *et al.*, «Managing Perceptions of Distress at Work: Reframing Emotion as Passion», *Organizational Behavior and Human Decision Processes* 137 (2016): 1-12.

Capítulo 12

1. Sylvia Ann Hewlett y Karen Sumberg, «For LGBT Workers, Being "Out" Brings Advantages», *Harvard Business Review*, julio-agosto de 2011, https://hbr.org/2011/07/for-lgbt-workers-being-out-brings-advantages.

2. Dorie Clark y Christie Smith, «Help Your Employees Be Themselves at Work», hbr.org, 3 de noviembre de 2014, https://hbr.org/2014/11/help-your-employees-be-themselves-at-work.

3. Katherine Schaeffer y Shradha Dinesh, «32 % of Americans Have a Tattoo, Including 22 % Who Have More Than One», Pew Research Center, 15 de agosto de 2023, https://www.pewresearch.org/short-reads/2023/08/15/32-of-americans-have-a-tattoo-including-22-who-have-more-than-one/.

4. Richard Wolf, «Supreme Court Upholds Autonomy of Religious Employers in Employment Discrimination Cases», *USA Today*, 8 de julio de 2020, https://www.usatoday.com/story/news/politics/2020/07/08/supreme-court-says-religious-school-teachers-cannot-sue-over-firings/3207815001/.

Capítulo 13

1. Sapna Cheryan y Galen V. Bodenhausen, «Model Minority», en Stephen M. Caliendo y Charlton D. McIlwain, eds., *Routledge Companion to Race and Ethnicity* (Nueva York: Routledge, 2011), 173-176..

2. Pippa Stevens, «Companies Are Making Bold Promises About Greater Diversity, But There's a Long Way to Go», CNBC, 11 de junio de 2020, https://www.cnbc.com/2020/06/11/companies-are-making-bold-promises-about-greater-diversity-theres-a-long-way-to-go.html.

3. Buck Gee y Denise Peck, «Asian Americans Are the Least Likely Group in the U.S. to Be Promoted to Management», hbr.org, 31 de mayo de 2018, https://hbr.org/2018/05/asian-americans-are-the-least-likely-group-in-the-u-s-to-be-promoted-to-management.

4. Kim Brimhall, «Employees Sound Off on What Makes a Truly Inclusive Leader», *Fast Company*, 27 de septiembre de 2020, https://www.fastcompany.com/90555716/employees-sound-off-on-what-makes-a-truly-inclusive-leader.

5. Laura Noonan y Taylor Nicole Rogers, «Share of Black Employees in Senior US Finance Roles Falls Despite Diversity Efforts», *Financial Times*, 31 de marzo de 2021, https://www.ft.com/content/887d064a-bd5e-4ce6-9671-9057e12bd5c7.

6. Alessandra Malito, «Three Reasons You Don't See Many People of Color in the Financial Services Industry-and How to Fix It», MarketWatch, 8 de julio de 2020, https://www.marketwatch.com/story/three-reasons-you-dont-see-many-people-of-color-in-the-financial-services-industry-and-how-to-fix-it-2020-06-11.

7. Microsoft, «The New Future of Work», https://www.microsoft.com/en-us/research/project/the-new-future-of-work.

Capítulo 14

1. Rachel Hatzipanagos, «It 'Makes You Feel Invisible'». *Washington Post*, 2 de mayo de 2019, https://www.washingtonpost.com/nation/2019/05/02/co-workers-keep-mixing-up-people-color-office-its-more-than-mistake.

Capítulo 15

1. HeForShe y Lewis, «New Rules: How Is Gen Z Changing the World of Work», mayo de 2021, https://www.heforshe.org/sites/default/files/2021-05/lewis-genz-report-final.pdf; Jackie Cooper, «Unleashing the Power of Gen Z», Edelman, 20 de diciembre de 2021, https://www.edelman.com/insights/unleashing-power-gen-z.

2. Bea Boccalandro, «Increasing Employee Engagement Through Corporate Volunteering», Voluntare, 2019, https://www.beaboccalandro.com/wp-content/uploads/2019/01/Engagement-Report-Voluntare_eng_04122018-2.pdf.

3. Brian P. Reschke *et al.*, «Mutual Receptiveness to Opposing Views Bridges Ideological Divides in Network Formation», octubre de 2020, http://dx.doi.org/10.2139/ssrn.3703958.

4. Loretta Ross, «I'm a Black Feminist. I Think Call-Out Culture Is Toxic», *New York Times*, 17 de agosto de 2019, https://www.nytimes.com/2019/08/17/opinion/sunday/cancel-culture-call-out.html.

Capítulo 16

1. Bisi Alimi, «¿Do we live a double social media life?», LinkedIn, https://www.linkedin.com/posts/bisialimi_do-we-live-a-double-social-media-life-activity-6817857337181708288-ITNd.

ACERCA DE LOS COLABORADORES

MADISON BUTLER, jefa de personal de GRAV, con sede en Texas, es una abierta defensora, asesora cultural y conferenciante. Es reconocida por aportar un enfoque audaz para ampliar la inclusión de las comunidades LGBTQ+ y *queer*, al tiempo que defiende a los empresarios y profesionales negros y morenos. Madison está comprometida con ayudar a cambiar la narrativa sobre lo que significa ser «humano en el trabajo».

LAN NGUYEN CHAPLIN es profesora de marketing en la Facultad de Periodismo, Medios de Comunicación y Comunicaciones Integradas de Marketing de la Universidad Northwestern. También es fundadora de QuanTâm, una organización sin ánimo de lucro que crea oportunidades para que los jóvenes profesionales amplíen sus redes y perfeccionen sus competencias profesionales al tiempo que sirven a sus comunidades.

MICHAEL CHERNY es un alto dirigente mundial en materia de diversidad, equidad e inclusión. Es un defensor de los derechos humanos, un miembro activo de la comunidad 2SLGBTQ+* y un experimentado director de consejo. Ha sido reconocido como Catalyst Canada Honours Champion, CPA Ontario Emerging Leader, Women in Capital Markets Champion for Change y Notable Life

---

* Este acrónimo representa a las personas de dos espíritus, lesbianas, gays, bisexuales, transgénero, queer, intersexuales y otras personas que se identifican como parte de comunidades de diversidad sexual y de género.

LGBTQ+ Leader of the Year, y es un líder de pensamiento en el espacio DEI.

DORIE CLARK es una estratega de marketing y conferenciante que imparte clases en la Columbia Business School y ha sido nombrada una de las cincuenta mejores pensadoras empresariales del mundo por Thinkers50. Su último libro es *Piensa a largo plazo en un mundo a corto plazo* (Editorial Taller del Éxito, 2022).

PAIGE COHEN (ellos/ellas) es redactora sénior de la *Harvard Business Review*.

IRINA COZMA es una *coach* ejecutiva que ayuda a los profesionales a tener mejores aventuras laborales. Ha entrenado a cientos de ejecutivos de Fortune 500 de organizaciones globales como Salesforce, Hitachi y Abbott. Irina también asesora a clientes en empresas de nueva creación y a estudiantes del programa MBA para médicos ejecutivos de la Universidad de Tennessee. Puedes encontrarla en www.irinacozma.com.

SUSAN DAVID es fundadora del Harvard/McLean Institute of Coaching, forma parte del profesorado de la Harvard Medical School y es reconocida como una de las principales pensadoras en gestión del mundo. Es autora del *bestseller* número uno del *Wall Street Journal Agilidad emocional,* basado en un concepto que la *Harvard Business Review* nombró idea de gestión del año. Conferenciante y asesora muy solicitada, ha trabajado con altos directivos de cientos de organizaciones importantes, como las Naciones Unidas, EY y el Foro Económico Mundial.

DANNIE LYNN FOUNTAIN es una narradora apasionada que ayuda a las empresas a centrarse en las personas. De día es gestora del programa de adaptaciones para discapacitados de Google, donde contrata a los ingenieros de *software* con más talento del mundo, y de noche ayuda a clientes y marcas con estrategias de diversidad, equidad e inclusión centradas en los RR. HH. Dannie Lynn es escritora, agente colegiada y fundadora del movimiento #sidehustlegal. Ha sido entrevistada o citada en el *New York Times*, *Forbes, Bustle, Bloomberg, Business Insider, Cosmopolitan, Digiday, Everygirl, Girlboss* y un largo etcétera. Es autora de los libros *Ending Checkbox Diversity* y *Keep Your Day Job*.

SHALENE GUPTA es escritora y periodista. Es autora de *The Cycle: Confronting the Pain of Periods and PMDD* y coautora de *The Power of Trust*.

TUCCI IVOWI es CEO y miembro fundador de Ghana Commodity Exchange. Anteriormente trabajó con Nestlé en diversos puestos, como directora general, directora ejecutiva de negocios y directora de comunicaciones de marketing, en veintidós países. Su experiencia profesional abarca el Reino Unido, los mercados emergentes del Sudeste Asiático y el África subsahariana.

AMANDA KERSEY es productora sénior de audio en la *Harvard Business Review* y productora del pódcast *Women at Work*.

TALISA LAVARRY es propietaria de Morale First, una consultoría de DEI en el lugar de trabajo, y autora de *Confessions from Your Token Black Colleague*. Talisa también es conocida como la entrenadora antirracista de Estados Unidos. Tras su charla TedX «Your Journey to True Allyship», publicó el libro de trabajo *Allyship & Me: A Self-Paced, Personal Growth Playbook and Journal* para aspirantes a aliados. Tali trabaja apasionadamente con sus clientes en crear soluciones sostenibles que fomenten el cambio intrínseco. Puedes encontrarla en Instagram como @americas_anti_racism_coach.

SUSAN MCPHERSON es fundadora y CEO de McPherson Strategies y autora de *The Lost Art of Connecting*.

EVELYN NAM es licenciada por la Harvard Kennedy School, la Columbia Journalism School y la Harvard Divinity School. Ha informado sobre asuntos empresariales y asiático-americanos, y es redactora adjunta en Harvard Business Publishing.

TIM O'BRIEN es profesor de política pública en la Harvard Kennedy School, donde su trabajo se centra en la brecha existente entre las exigencias de los retos complejos y el significado que las personas les dan. Imparte Exercising Leadership, un curso sobre la política del cambio, y Developing People, centrado en el desarrollo de los adultos. También es presidente de la facultad de dos programas de educación ejecutiva de la Harvard Kennedy School: Liderazgo para el siglo XXI —para altos ejecutivos de organizaciones gubernamentales, corporativas y sin ánimo de lucro— y El arte y la práctica del desarrollo del liderazgo —para profesionales experimentados en consultoría y desarrollo del liderazgo—. Tim también diseña e imparte programas de desarrollo del liderazgo y asesora a diversas organizaciones trisectoriales.

JANICE OMADEKE es la galardonada autora de *Mentorship Unlocked*, líder mundial de opinión y conferenciante, y fue CEO y fundadora de la empresa de *software* de mentoría The Mentor Method. Reconocida por sus puntos de vista distintivos sobre el desarrollo profesional, la tutoría y el espíritu empresarial inclusivo, ha aparecido en publicaciones destacadas como *Entrepreneur*, *Forbes* y *Enterprise Magazine*.